Carole Enz, Michèle Combaz Thyssen

Rabenherz
im Banne der Pandemie

AF515319

Carole Enz

Michèle Combaz Thyssen

Rabenherz

im Banne der Pandemie

Sistabooks

Enz, *Carole;* **Combaz Thyssen**, *Michèle*
Rabenherz im Banne der Pandemie
Originalausgabe – 1. Auflage – Horgen 2021
Sistabooks GmbH, Churfirstenstr. 5, CH-8810 Horgen
Homepage: www.sistabooks.ch
(Sistabooks – Fantasy-Roman)
ISBN: 978-3-907860-23-6

© Sistabooks GmbH

1. Auflage 2021
Alle Rechte vorbehalten
Covergestaltung: Carole Enz
Herstellung: Books on Demand GmbH, Norderstedt

Inhaltsverzeichnis

für meine tapfere Tochter Désirée und meine wackeren Patenkinder Jasmin und Florin, die auch gerne in anderen Zeiten für die Rettung der Welt kämpfen, von Mama/Gotti

für die mitfiebernde Lisa, die schneller lesen will als ich schreiben kann, von deinem Gotti

Prolog

«Acqua!», röchelt die Frau, aber niemand beachtet sie in dem turbulenten Treiben. Stöhnen und trockener Husten erfüllen den Raum, welcher vollgestopft mit Menschen ist; unangenehmer Geruch nach Krankheit und Fäulnis liegt in der Luft. «Acqua!», keucht die Kranke erneut, mit immer schwächer werdender Stimme. Auf einem wackligen Tisch steht ein angeschlagener Tonkrug, um welchen Fliegen kreisen. Aus der Kochnische mit ihrer Feuerstelle, über welcher ein Kessel an einer Kette hängt, riecht es russig und säuerlich. Die Türe knarrt in ihren Scharnieren. Eine seltsame Silhouette, die an einen Geier erinnert, erscheint im Eingang und wirft einen Schatten an die schmutzige, unverputzte Mauer gegenüber, an welcher sich Lumpen und Gegenstände türmen. Gejammer erfüllt das Zimmer und wird lauter. Eine Gestalt mit einer langschnäbligen Maske betritt den Raum, sich vorsichtig umsehend, darauf bedacht, den am Boden und auf dreckigen Tüchern liegenden Menschen nicht zu nahe zu treten. Hände versuchen nach dem Besucher zu greifen, Hände von überallher. Leute liegen am Boden, auf Bettstätten, sitzen auf Stühlen und Hockern. Alle sehen elend und verzweifelt aus, manche haben dunkle Male im bleichgelben Gesicht und violette Ränder unter ihren Augen. «Venite, dottore!», ruft eine Frau, die ein Tuch um Gesicht und Kopf geschlungen hat, so dass die Augen nur durch schmale Schlitze sehen. Sie kniet neben einem behelfsmässigen Bett, auf welchem ein Mädchen liegt, welches offensichtlich Fieber hat und hustet. Der Schnabelträger nähert sich, ergreift das Handgelenk des Kindes und verharrt einen Augenblick regungslos. Dann schüttelt er den Kopf. Die Frau bricht in Tränen aus. Der seltsame Vogelmensch hebt die Hand, wie ein Stoppsignal, als warte er auf etwas. Erneut knarrt die Türe, welche wie von Geisterhand wieder ins Schloss gefallen war. Eine weitere Vogelkopfsilhouette wird sichtbar, aber diesmal weisen der lange Umhang und der bodenlange Rock auf eine Frau hin. Man sieht ihr wallendes Haar unter der Maske. Sie tritt zu der weinenden Frau neben dem Kind, kramt in ihrer Umhängetasche und entnimmt ihr einen Tiegel. Sie murmelt ein paar Worte zu der Mutter. Diese deutet eine Verbeugung an und nimmt den Behälter entgegen. Die Vogelfrau blickt sich im Raum um, welcher ein Bild des Jammers bietet. Etwas Kleines bewegt sich, raschelt durch verschmutzte Lumpen. «Ah!», ruft die Medizinerin, dann greift sie erneut in ihre Tasche und fischt einen Beutel oder ein Bündel heraus, welches einen starken Geruch verströmt. Sie öffnet die Türe, welche sich wieder geschlossen hat, nimmt mit den Fingerspitzen etwas aus dem Bündel und wirft es direkt vor die Türe. Mit Gefiepe huschen mehrere mäuseähnliche, aber deutlich grössere Wesen mit Schwänzen, die an Schlangen erinnern, aus dem Schmutz und aus den Lumpen am Boden auf das verdorbene Fleisch zu. Offenbar befriedigt von der Reaktion, nimmt die Vogelfrau einen weiteren Brocken hervor und wirft ihn etwas weiter hinaus auf die Strasse. Weitere Ratten kriechen aus ihren Verstecken und stürzen auf den Leckerbissen zu. «Basta la malattia!», ruft die Frau, dazu ein paar Grussworte auf Italienisch, bevor sie wieder hinausgeht. Die Ratten halten einen Festschmaus, und manche folgen der Gönnerin, welche bereits einen weiteren Happen bereit macht und sich zum Gehen wendet. «La pazza», flüstert ein alter Mann, der sich kaum aufrecht halten kann, seinem Nachbarn zu, welcher im Fieberrausch kaum noch reagiert. «Nix pazza, das ist sogar sehr schlau!», ruft ein junger Mann, der eine Brille trägt und mit Schweisstropfen auf der Stirne an der Wand lehnt. «Sie lockt die Ratten weg. Und die Ratten verbreiten die Krankheit.» – «Non capisco!», winkt der Alte ab. Der Junge stöhnt und versucht sich aufzurichten, aber seine Kräfte lassen nach. Der Mediziner mit der Schnabelmaske würdigt ihn keines Blickes, während er seine Runde macht, umgeben von Geschrei. «Aiuto!» «Signore, pietà!»

Da erkennt der Junge im schummrigen Licht der Baracke eine junge Frau, die ihr Gesicht nicht geschützt hat. «Raina! Bist du wahnsinnig?», ruft der junge Mann. – «Rudy, endlich habe ich dich gefunden!» Mit besorgtem Gesicht beugt sich die hübsche Frau mit ihren langen, dunklen Haaren über den Kranken. «Hat es dich auch erwischt?» – «Schütze dein Gesicht, du brauchst eine Maske!», ermahnt er sie mit schwacher Stimme, «Wo ist Mäggy?» – «Ich hoffe, sie ist wohlauf, sie ist verschwunden. Ich verstehe das nicht.» – «Ich habe Angst um sie! Der diabolische Kerl hat angedroht, uns krank zu machen, und bei mir hat er es bereits geschafft. Ich hoffe, sie haben Mäggy nicht gefangengenommen und mit der Pest infiziert!» – «Mal den Teufel nicht an die Wand! Ich habe dich gefunden, und wir werden Mäggy finden – oder sie uns! Plonk ist – glaube ich zumindest – bei ihr!», spricht Seraina zuversichtlich. «Ich habe die Frau mit der Maske gesehen; sie hat die Ratten fortgelockt!» – «Fantastisch! Ich sagte doch, das ist das Einzige, was hilft!» – «Jetzt brauchen wir aber eine Medizin, und zwar dringend – für dich, du Armer!» Rudy lächelt schwach: «Wir werden sie finden! Aber nicht hier in Venedig im Jahre 1348, sondern in London, drei Jahrhunderte früher. Diese Medizin wird nicht nur mich retten, sondern auch unsere Welt im Jahr 2021!»

1
Lockdown

«Das ist ja nicht auszuhalten!», jammert Margarethe. «Mama ist total hysterisch! Sie will mich zuhause einsperren!» – «Das ist ja furchtbar!», reagiert Seraina mit echtem Entsetzen. «Du Arme! Meine Tante ist auch beunruhigt, aber sie nimmt das noch relativ cool. Wie es Rudy wohl geht?» – «Rufst du ihn an, oder soll ich?» – «Ich mach das schon, aber lass uns doch möglichst bald treffen, so richtig, am See, vielleicht ist es das letzte Mal für ziemlich lange!» Margarethe findet den Vorschlag ihrer besten Freundin ausgezeichnet. Sie fühlt sich nämlich schon beim blossen Gedanken, bald nicht mehr ins Freie zu dürfen, wie ein Tiger im Käfig. Eingesperrt sein, nicht hinaus dürfen, das findet die freiheitsliebende Naturfreundin, die gerne mit dem Fahrrad unterwegs ist und den Wald liebt, unerträglich. Sie vermisst Plonk und macht sich Sorgen um ihren Raben.

Wie konnte es nur so weit kommen? Es hatte so harmlos angefangen, mit Nachrichten aus dem fernen Asien von einem Virus, welches eine ungewohnt heftige Grippe auslöste. Dann wurde es ernster, die ersten Toten waren zu beklagen – zwar ebenfalls noch weit weit weg, aber das Damoklesschwert einer Pandemie war geschmiedet. In Europa und Amerika wurden die Menschen immer unruhiger, Politik und Wissenschaft kamen nun richtig in Fahrt. Die Virologen stritten sich mit den Bakteriologen. Letztere behaupteten, das Virus sei nur der Wegbereiter für eine Superinfektion mit gefährlichen Bakterien. Erst diese machten die Krankheit lebensbedrohlich. Die Virologen konterten, die Bakterien seien ja nur Trittbrettfahrer, und wer schon schwer mit den Viren zu kämpfen hatte, dem gaben die Bakterien lediglich den Rest. In der Politik hatte man erst zögerlich von Massnahmen wie Lockdown, Ausgangssperre und Grenzschliessungen gesprochen, aus Angst, die Wirtschaft zu lähmen. Doch bald mehrten sich die Stimmen vom linken bis zum rechten Parteien-Spektrum, die drastische Massnahmen forderten, um Menschenleben zu schützen.

Die Krankheit war zwar beunruhigend, aber noch so fern, dass sich die Schweizer, die keinen Kontakt nach Asien hatten, noch nicht besonders ängstigten. Aber dann kam die Seuche näher, nach Italien, und breitete sich dort mit furchterregender Geschwindigkeit aus. Die Medien taten das Ihrige, um Besorgnis auszulösen, die bald schon in Panik mündete, als die ersten Krankheitsfälle in der Schweiz auftraten. Und es wurden immer mehr. Als die täglichen Neuinfektionen drohten, vom drei- in den vierstelligen Bereich zu wechseln, dann ging es blitzschnell: Grossanlässe wurden verboten, darunter die Basler Fasnacht und das Zürcher Sechseläuten, das die Nachkommen der Zünfter in Zürich zum Frühlingsanfang feierten; Konzerte wurden abgesagt und dann innert kürzester Zeit die Schulen geschlossen, ebenso die Museen, Schwimmbäder und alle Läden, die keine Lebensmittel vertrieben. Die Bundesräte liessen jeden Tag neue Empfehlungen verlauten und sprachen gar von einer Ausgangssperre, wie sie bereits in anderen Länder verhängt worden war. Vorläufig wurden die Schweizer Bürgerinnen und Bürger angehalten, zuhause zu bleiben – als Empfehlung, nicht als Befehl. Margarethe, Seraina und Rudy hatten kopfschüttelnd auf die ausbrechende Panik reagiert.

Der «Lockdown» stand also kurz bevor, alles sollte dichtgemacht werden. Das war wohl die letzte Gelegenheit, noch einmal ihre Freunde zu treffen. Per Nachrichten-App verabredeten sie sich beim Arboretum. Wegen des kalten Wetters finden sich alle drei noch in Winterjacken ein, dennoch kaufen sie sich ein Eis bei der immer gut gelaunten Eisverkäuferin Tina, die ihren Stand direkt am See und eine Riesenauswahl von Getränken und Glacé hat.

Sie plaudern mit Tina und lassen sich dann auf einer Bank mit Blick auf das Seebecken nieder. Die ersten Segelschiffe sind schon bereit; die Kursschiffe haben noch Winterfahrplan, daher ist der Seespiegel an jenem Tag ungetrübt. Rudy ergreift als Erster das Wort: «Na, was haltet ihr von der ganzen Sache?» – «Reichlich viel Panikmache», erwidert Seraina. «Wenn du Radio hörst oder Zeitung liest, denkst du, du seist in einem Katastrophenfilm gelandet.» – «Das magst du doch, oder, Rudy?», neckt ihn Margarethe. «Diese apokalyptischen Filme. Jetzt stecken wir mittendrin!» Rudy schüttelt den Kopf und hat den Blick auf sein Smartiefon gerichtet, auf welchem er die Nachrichten verfolgt: «Ach was, die überreagieren völlig! Typisch Medien! Hauptsache, es klingt nach einer Sensation, das brauchen die Leute halt!» Margarethe wird nachdenklich: «Aber könnte nicht etwas dran sein? Ich meine, so ein Virus ist doch nicht aus der Luft gegriffen!» – «Das ist doch ein abgekartetes Spiel!», ruft Seraina empört. – «Aber warum?», fragt Margarethe, «Wer gewinnt etwas, wenn die Läden geschlossen und die Restaurants dicht sind? Da verlieren so viele Menschen ihre Arbeitsplätze!» – «Eben! Das ist eine Katastrophe für die Wirtschaft!», regt sich Rudy auf. «Ein Krankheitserreger sollte kein Grund zur Panik sein!» – «Moment mal, es geht doch um Menschenleben, und es heisst, besonders ältere Leute könnten ganz schlimm erkranken und sterben. Wie das in Asien passiert ist und jetzt in Italien. Das müssen wir schon ernst nehmen!», wendet Margarethe ein. Seraina braust auf: «Eben, genau das ist das Problem! Gewisse Kreise gaukeln uns vor, es wäre furchtbar schlimm, und nutzen das aus, um uns zu gängeln! Das ist der Beginn einer Diktatur!» – Margarethe schaut ihre Freundin entgeistert an und ist noch verwunderter, als Rudy Seraina beipflichtet: «Ja, in der Tat, so fangen Diktaturen an!»

«Worüber regt ihr euch denn so auf?», hören sie eine wohlbekannte Stimme und drehen sich um. Hinter ihnen steht Gerhard Ulstein, genannt «Gul» oder «Gerry», der früher als Margarethes

Peiniger Furore gemacht hat, nach einem unfreiwilligen gemeinsamen Abenteuer auf Mäggys Seite wechselte und seither sehr nett zu ihr ist. Meist ist er in Begleitung von zwei «Bodyguards», wie es das Trio um Margarethe nennt, zwei kräftigen Kerlen, die aber grundsätzlich freundlich sind. Margarethe vermutet aber, je nach Situation können sie auch anders. An jenem Tag sind die friedlich, als sie, jeder mit einem Eis bewaffnet, zu dem Grüppchen auf dem Bänkchen am See stossen. «Hallo Gerry», begrüsst ihn Margarethe. Sie ist sich nicht sicher, ob sie ihn nett finden sollte oder etwas aufdringlich. Seit sie eng mit Seraina und Rudy befreundet ist, lässt er sie ihn Ruhe, obwohl sie in die gleiche Klasse gehen. Aber ihre Interessen sind sehr unterschiedlich. Er schickt ihr einen tiefen Blick, und seine Stimme trieft vor liebevoller Ironie, als er sie anspricht: «Liebste Mäggy, es freut mich so, dich zu sehen! Aber worüber regt sich denn dein kleiner Freund auf?» Damit spielt er auf Rudys Körpergrösse an, welche auch mit sechzehn Jahren noch ziemlich klein für sein Alter ist. Gerry dagegen ist schon immer ein kräftiger Kerl gewesen und in letzter Zeit stark gewachsen. Da Margarethe und Seraina auch eher gross gewachsen sind, sieht es für andere vielleicht komisch aus, wenn der kleine Rudy mit den grossen, schlaksigen Mädchen unterwegs ist, was meistens der Fall ist. Rudy schickt Gerry einen bösen Blick, und Seraina antwortet für ihn: «Wir sprechen über die neue Diktatur in der Schweiz!» – «Tja, ich hatte immer schon geträumt, als Diktator Karriere zu machen», spottet Gerry. «Wobei die Geschichte schon mehrfach gezeigt hat, dass Diktatoren meist kleinwüchsig sind.» Rudy springt auf, und seine Freundinnen wollen ihn zurückhalten: «Willst du Ärger, du hirnloser Schrank?» – «Gerne, du halbe Portion; ich habe heute noch keinen Zwerg verdroschen!», grinst Gerry, worauf Seraina sich hoch aufrichtet und ihm einen strafenden Blick sendet: «Du bescheuerter Macho, halt die Schnauze!» – «Oh, die Dame verfügt aber über ein undamenhaft loses Mundwerk!», quittiert er ihre Einmischung. «Als weiblicher Bodyguard gehört sich das wohl so. Rudy, ich beneide dich um deinen Harem!» Margarethe versucht, sich nicht provozieren zu lassen, aber die Atmosphäre ist aufgeladen.

In diesem Moment räuspert sich jemand laut. Die sechs Teenager wenden ihre Köpfe der Quelle des Geräusches zu und gewahren drei Polizisten, die mit in die Hüfte gestützten Händen dastehen, in voller Montur und bewaffnet, und die Jugendlichen mustern. Gerry zuckt zusammen: «Was ist? Wir haben nichts verbrochen!» – «Habt ihr keinen Newsticker auf euren Smartiephones?», fragt die Beamtin, die mit zwei Kollegen auf Patrouille ist. – «Wer tickt nicht richtig?», prustet Gerrys Kollege heraus, und die drei Jungs grölen. – «Etwas Anstand, bitte, sonst nehmen wir euch mit auf den Polizeiposten!», droht die Polizistin. Jetzt werden die Jungs nervös. Einer der Beamten spricht: «Laut offizieller Verlautbarung der Behörden sind Versammlungen von mehr als fünf Personen in der Öffentlichkeit verboten. Entweder ihr teilt euch auf, oder wir müssen euch eine Busse verteilen.» – «Okay, okay, wir gehen ja schon!», beschwichtigt Gerry die Beamten und wendet sich zum Gehen. «Kommt, Männer, Abmarsch! Tschüss, Mäggy!» Er winkt Margarethe und ignoriert Seraina und Rudy geflissentlich. Die Beamten sehen ihm kopfschüttelnd nach und wenden sich dann an das Trio auf der Bank: «Euch dreien raten wir, mehr Abstand zu halten. Zwei Meter sind Vorschrift. Wegen der Ansteckungsgefahr. Es ist zu eurem Besten!»

Als die Polizistentruppe ausser Hörweite ist, murmelt Rudy: «Da seht ihr's: Wir haben schon den reinsten Polizeistaat!» – «Dazu kommt, dass immer mehr Leute Masken tragen», bemerkt Seraina. «Ich glaube, das ist eine Verschwörung von religiösen Fundamentalisten, welche die Frauen zwingen wollen, sich zu verschleiern!» Rudy und Margarethe sehen sie fragend an: «Machst du jetzt Witze, Raina, oder meinst du das im Ernst?» Alle drei sind verunsichert.

Da klingelt Margarethes Smartiefon, ein grosses «Mama» pulsiert auf dem Bildschirm. Sie nimmt ab und vernimmt die vertraute Stimme ihrer Mutter, die sehr angespannt wirkt: «Mäggy, komm sofort heim, da draussen holst du dir noch die Seuche! Dein Vater hat angerufen, er ist sehr besorgt, er hat mit einem befreundeten Ärzte-Paar gesprochen, das gerade die neusten Studien gelesen hat. Das ist keine normale Grippe, die da grassiert, die Kombination von Virus und Bakterium kann tödlich enden!» – «Okay, Mama, mach dir keine Sorgen, ich bin hier nur mit Rudy und Raina, es sind kaum andere Leute da, ich verabschiede mich noch und komme gleich heim, versprochen.» – Und mit bleichem Gesicht dreht sie sich zu ihren Freunden und sagt: «Mein Papa hat gehört, dass Forscher rausgefunden haben, dass die Kombination von Virus und Bakterium ziemlich tödlich ist.» – «Ziemlich tödlich? Also ziemlich tot zu sein ist schwierig anzustellen… tot ist tot, Klappe zu, aus die Maus», frotzelt Rudy, Seraina grinst. Margarethe seufzt. Sie begreift nicht ganz, dass sich ihre besten Freunde so sarkastisch äussern können, da es um Menschenleben geht. Zudem machen die Polizisten ja nur ihren Job, von wegen Diktatur.

2
Eine tödliche Kombination

«Ist doch elementar!», ruft Rudy aus, «Wenn du schon geschwächt bist, kann dir fast jedes Bakterium den Rest geben! Aber haben die Koniferen von Koryphäen in ihren Papers auch geschrieben, warum das so ist? Natürlich nicht! Ich hab mich auch schlau gemacht…» – «Du bist es doch schon, warum noch nachhelfen?», flachst Seraina und zwinkert ihm neckisch zu. Rudy wirkt kurz irritiert, während Margarethe ein Grinsen unterdrücken muss. Dann findet er aber den Faden wieder und doziert: «Also, ich beginne ganz vorne: Das Virus, um das es geht, ist ein sogenannter Arenavirus…» – «Darum keine Massenveranstaltungen, weil man ihn in der Arena aufliest!» – Rudy überhört Serainas Wortspiel und fährt gleich fort: «…Arenaviren. Solche Viren werden von Nagetieren übertragen, durch Speichel oder Urin…» – «Igitt», entfährt es Seraina. – «…jetzt ist so ein Arenavirus in Asien mutiert und schafft es, von Mensch zu Mensch übertragen zu werden. Was soll's, das ist Evolution, das ist normal und ist noch nicht der Grund, weshalb die Krankheit gefährlich ist. Gegen Viren haben wir ein Immunsystem! Dass unsere Abwehr arg strapaziert wird dadurch, ist natürlich ebenfalls logisch. Und jetzt kommt's: das Bakterium ist multiresistent, es ist unempfindlich gegenüber sämtlichen Antibiotika. Wenn zum Virus dieses eine Bakterium dazukommt, dann kannst du dir schon mal einen Sarg aussuchen.» – «Rudy!», ruft Margarethe entsetzt aus, «So makaber kenn ich dich gar nicht!» – «Hey Leute, Galgenhumor ist der beste Humor!», kontert er und erntet ein zustimmendes Nicken von Seraina.

Margarethe indes ist ziemlich gestresst, denn eigentlich sollte sie schon längst zuhause sein, doch irgendwie hat sie den Wunsch, dass sich die drei Freunde harmonisch trennen, und nicht in Streit darüber, was jetzt das Beste für das Land ist. – «Und Folgendes ist der springende Punkt: Wir Menschen sind selber schuld, dass diese Keime entstanden und in Kombination so tödlich wurden: Die Asiaten essen Nagetiere und halten sie bis kurz vor der Zubereitung lebendig, weil es ihnen an Kühlschränken mangelt. So konnte das Virus nach und nach auf den Menschen übergehen.» – «Das ist doch eine Schweinerei!», schimpft Seraina, und Margarethe reagiert entsetzt: «Nanu, so kenne ich dich gar nicht, Raina!» – «Also ehrlich; man muss doch nicht jeden Mist fressen! Wilde Tiere wie Gürteltiere und Fledermäuse zu essen ist sowieso eine Gemeinheit!» – «Das stimmt allerdings», pflichtet ihr die Naturliebhaberin zu. «Aber wir essen ja auch Wild, wo ist der Unterschied?» – «Die brauchen die Viecher vor allem für ihre Potenzmittel; Nashornpulver für eine Erektion, so ein Schwachsinn!», enerviert sich Seraina. – «Wir Europäer schlucken dafür viel zu viel Antibiotika, bis es nichts mehr nützt; wie bescheuert ist das denn?», kontert Margarethe. Rudy trommelt ungeduldig mit den Fingern gegen einen Abfalleimer, an den er sich lehnt. Seraina kreischt: «Lass das, Rudy, der ist sicher schon kontaminiert mit Bakterien!» Wie elektrisiert zieht er seine Hand zurück und wischt sie an seiner Jeans ab. «Und jetzt klebt die Sauerei an deiner Hose und frisst sich durch den Stoff!» – «Quatsch! Aber Mäggy hat Recht: Das Bakterium ist nur deshalb gegen alle Antibiotika multiresistent, weil die Europäer wegen jedem Zipperlein zum Arzt rennen und kiloweise Antibiotika futtern. Das Bakterium, ein krankmachender Stamm von *Escherichia coli*, hat sich auf diese Weise in uns Menschen die besagten Antibiotikaresistenzen angeeignet. Vom Menschen aus gelangte es in die Natur, von der Natur via Bewässerung der Gemüsekulturen auf unseren Salat…» – «Und jetzt haben wir den Salat!», fügt Margarethe seufzend hinzu und meint: «Sorry Leute, ich muss los, meine Mama grillt mich, wenn ich nicht bald zuhause auftauche. Und sie verabschiedet sich mit einer klammernden Umarmung von ihren Freunden, ganz so, als wäre es die letzte Umarmung für sehr lange – leider sollte sich dies bewahrheiten.

* * *

Seither ist Margarethe isoliert, zum Glück allerdings nicht mehr in der alten, engen Wohnung an der Langensandstrasse, sondern neu in einem Einfamilienhaus in Horgen, mit Aussicht auf den schönen Zürichsee. Margarethes Vater lebt zwar getrennt von der Familie, doch die Eltern sind nach wie vor verheiratet und unternehmen manchmal als Familie etwas. Margarethes Mutter meint dazu, sie liebe Rich noch und würde es geniessen, ab und zu mit ihm zusammen zu sein, sie wäre eh nicht so geschaffen für eine «Klumpenrisiko-Ehe», wie sie eine traditionelle Familienkonstellation nannte.

So sehr Margarethe ihre Mutter liebt, im Moment geht sie ihr lieber aus dem Weg, denn die Mama hat ihr strengstens verboten, hinauszugehen, ausser, wenn sie gemeinsam einen Spaziergang in den nahen Wald machen oder wenn Margarethe eine Runde mit dem Fahrrad dreht. Sie darf aber nie mehr als eine halbe Stunde fort, und da ihre Mutter im Homeoffice arbeitet, kontrolliert sie ihre Tochter genau. Das freiheitsliebende Mädchen ist zutiefst frustriert, aber sie wüsste nicht, wohin sie gehen soll: Selbst ihre besten Freunde könnten sie nicht bei sich aufnehmen, da sie in derselben Lage sind und mit ängstlichen Angehörigen zusammenwohnen. Rudy darf zwar noch sein Pferd versorgen und kurz ausreiten, aber Freunde treffen ist auch ihm verboten. Seraina kann sich frei bewegen und auch für sich und ihre Tante einkaufen gehen, jedoch findet sie es nicht lustig, wenn sie ihre besten Freunde nicht sehen kann. So treffen sich die drei regelmässig am Bildschirm. Begeistert ist keiner wirklich davon, am ehesten noch der Technikfreak Rudy, aber die Mädchen finden diese Art von Treffen zu steril.

Deshalb geht Margarethe so oft wie möglich in den Wald. Manchmal trifft sie Plonk, der seiner Menschenfreundin gefolgt ist und neu im Horgenberg-Wald lebt. Doch der hat mit seiner Frau Corvina bereits wieder Brutzeit. Und weil jetzt die Jungen geschlüpft sind, ist er voll damit beschäftigt, Nahrung für die nimmersatten Nachkommen herbeizuschaffen. Dennoch ist es immer Margarethes erstes Ziel, kurz beim Baum, in dessen Krone das Nest von Plonk und Corvina gebaut ist, nachzusehen, ob alles in Ordnung ist. Doch diesmal erschrickt sie heftig. Da klettert doch ein Frechdachs auf den Baum! «Hey, runter da! Finger weg vom Nest!», herrscht sie den Ruhestörer in ungewohnt harschem Ton an. Dieser setzt sich geschickt in eine Astgabel und lächelt aus einem unschuldig wirkenden Gesicht zu Margarethe herunter. Der Junge ist ungefähr in Margarethes Alter oder vielleicht etwas älter, ein muskulöser Bursche, so ganz anders als der schmächtige Rudy oder der vollschlanke Gerry. Er trägt alte Wanderschuhe, zerrissene Jeans und ein ärmelloses Shirt. Sein hellblonder, wirrer Haarschopf erinnert Margarethe an eine Löwenmähne. Schnell erklärt sie: «Da oben brüten Plonk und Corvina, wenn du also keine Hiebe einstecken willst, da rate ich dir, runterzukommen!» – «Plonk was? Hey, für ein kleines Mädchen hast du aber deftige Worte parat!», entgegnete der fremde Junge belustigt, weil er «Plonk» nicht als Namen, sondern als derben Ausdruck kennt. – «Was, wieso?», reagiert Margarethe überrascht und auch verärgert, «von wegen kleines Mädchen! Hey, ich bin schon 16!» Im nächsten Moment springt der Junge von der Astgabel und landet vor Margarethe. Sie blickt in ein schmales Gesicht mit ausgeprägten Wangenknochen – dennoch wirkt sein Antlitz harmonisch. Zwei leuchtend grüne Augen strahlen eine bei Jugendlichen eher seltene innere Ruhe aus. Margarethe vergisst, ihren Mund zu schliessen. Irgendetwas Magisches geschieht gerade. Es fühlt sich an, als würde die Zeit stehenbleiben, elektrisierende Energie steigt in ihr auf. Margarethe würde im selben Moment am liebsten gleichzeitig die Welt umarmen, in tausend Stücke zerbersten, schreiend davonrennen… oder dem Jungen in die Arme fallen…

«Ich heisse Leon. Leon Inderbitzin.» Dann fragt er mit neugierigem Gesichtsausdruck: «Und wie heisst du?» Seine sonore Stimme verrät, dass er den Stimmbruch hinter sich hat. – «…Mä…Mä…» – «Grrita!», fällt Plonk ihr ins Gestottere. Leon grinst und fasst sich mit der rechten Hand in den Nacken. Auch er scheint nun etwas verlegen. «Greta? Wie die Thunberg? Toll, ich bin auch Klimaaktivist! Irgendwie siehst du der Schwedin ja sogar ein bisschen ähnlich, nur hübscher.» – Margarethe bringt keinen Laut mehr hervor, sie glotzt Leon nur noch an wie ein … Schaf – da sind sie wieder, diese ewigen Blöker!

Plonk scheint irgendwie mitbekommen zu haben, dass seine Adoptivmutter sozusagen eine Balz-Blockade erlebt, und gurrt deshalb beruhigend. – «Hast du den handzahm gemacht?», fragt Leon mit einer anerkennenden Miene und schielt auf den Raben, der dort in der Astgabel sitzt, wo er zuvor gewesen ist. Margarethe nickt scheu, ihr Gedärm fühlt sich gerade so aktiv an als wollte es Strom erzeugen… nun ja, sie hofft innigst, dass zumindest kein Biogas entsteht. Das wäre oberpeinlich, gleich beim ersten Date… «Ich… ich mu-muss los; ich bin spä-pät dran…», stottert sie, dann dreht sie sich um und rennt davon. – «Grrita ve lib. Ve lib», kommentiert Plonk das Geschehen und blickt zu Leon, der sich zu ihm dreht mit offenem Mund – weil er es niemals für möglich gehalten hätte, dass ein Rabe ihm erklärt, dass er gerade das Herz eines Mädchens erobert hat…

Bevor Margarethe zurück ins Haus geht, schickt sie Seraina eine kurze Nachricht per Smartiefon: «Typ getroffen! Wahnsinn!» – Prompt kommt die Antwort: «Uuuuu! Erzähl! Nein besser, ich ruf an!» – «Lass, bin durcheinander. Ein andermal», antwortet Margarethe und merkt auch dadurch, dass sie komplett von der

Rolle ist. Irgendwie will sie sich mitteilen und dann doch wieder nicht. Völlig verwirrt tritt sie ins Haus ein und geht an ihrer Mutter vorbei, ohne sie anzuschauen. – «Mäggy, alles ok?» – Das Mädchen schaut ihre Mutter nur an mit einem breiten Grinsen, dann verschwindet sie in ihrem Zimmer. Dort kuschelt sie sich in Embryo-Stellung auf dem Bett zusammen, ihre Gedanken fahren Karussell. Nach etwa einer Stunde schleppt sie sich aufs Klo. Als sie zurück in ihrem Zimmer ist, bemerkt sie, dass ihr Laptop summt. Rudy ist es, der digital anklopft.

Margarethe schwebt noch in den Wolken, da sie ihre Gefühle immer noch nicht so recht geordnet hat. «Hi, Mäggy! Wo bleibt den Raina? Bockt ihre alte Kiste wieder mal?» – «Das hab ich dann grad noch gehört! Und ja, mein alter Laptop ist wieder mal abgestürzt, gerade als ich die Summ-Session starten wollte!», beschwert sich Seraina. – «Ich hasse Computer sowieso!», mault Margarethe, aber nur so, weil sie das sonst immer sagt, auf Computer-Bashing hat sie grad null Bock. – «Was jammert ihr denn», beschwichtigt Rudy. «Wenigstens können wir uns so sehen! Und ich habe herausgefunden, was man alles machen kann. Schaut mal, meine coolen Hintergrundbilder!» Auf Mausklick sitzt er plötzlich im mannshohen Gras. «Haha, Rudy sitzt im Schilf!», lacht Seraina. – «Du siehst aus wie ein Frosch!», kichert Margarethe, die langsam wieder normal wird. Bereits hat sich Rudys Umgebung wieder verändert. «Wie findet ihr den Palmenstrand mit den wogenden Palmen?» – «Auja, das will ich auch!», ruft Seraina und wird dann ernst. «Aber eigentlich würde ich lieber richtig verreisen!» – «Was leider nicht geht, wo doch alle Grenzen zu sind», gibt Margarethe zu bedenken. In der Tat: Die Landesgrenzen sind geschlossen, weltweit. Pandemie herrscht, und die einzelnen Länder schützen sich, indem sie jeglichen Grenzverkehr unterbunden haben. «Wir sind eingesperrt in unserem Land, stellt euch das mal vor!», ereifert sich Rudy. – «Unerträglich!», murrt Seraina. «Und ich wollte doch nach Spanien mit Tante Mirjam!» – «Vergiss das, in Spanien sind die

Zahlen der Infizierten exorbitant, und es sterben auch viele Menschen!», weiss Margarethe. «Wir wollten nach Deutschland, Papa und ich, wiedermal die schönen Zoos in München und Leipzig besuchen, aber das können wir grad vergessen.» – «Und die vielen Schulaufgaben nerven; ich bin gar nicht motiviert, allein zuhause zu lernen!», seufzt Seraina. Rudy hat sich mittlerweile in den Weltraum gebeamt, was Margarethe mit Gelächter quittiert: «Rudy, du siehst aus wie ein Pilot, mit deinem Headset!» – «Aber deine Haare verschwinden im Blau des Universums, sieht freaky aus!», stellt Seraina fest. – «Hm, ich muss wohl die Bildschirmbeleuchtung noch optimieren.» – «Du Technikfreak kriegst das schon hin!»

«Mann, aber meine Mutter nervt!», jammert Margarethe. «Sie ist total hyper, völlig panisch!» – «Warum denn? Ich dachte, sie sei eine vernünftig denkende Frau, als Bankdirektorin», wundert sich Seraina. – «Ja, aber sie hatte schon immer einen Hang zu Extremen. Jetzt ist sie einerseits völlig nervös, weil die Banken gefordert sind, weil alle Kleinunternehmen, die schliessen mussten wegen der Pandemie, einen Kredit beantragen. Und andererseits ist sie Hypochonderin!» – «Was, möchte sie sich hypnotisieren lassen?», fragt Seraina. – «Nein, Hypochondrie heisst, dass man sich einbildet, alle möglichen Krankheiten zu haben», weiss Rudy. – Seraina fügt hinzu: «Ach so, ja. Meine Tante regt sich immer über eine Nachbarin auf, die jetzt natürlich völlig überreagiert angesichts des Virus, eben auch hypodings. Wir gehen sogar für sie einkaufen, weil sie sich nicht mehr auf die Strasse traut, und sie lässt uns die Einkaufstüten vor die Türe stellen und kommt dann mit Maske und Handschuhen heraus und zückt ihren Desinfizierspray, um alles zu reinigen, weil es ja von uns verseucht sein könnte!» – «Mein Vater ist wenigstens vernünftig, der nimmt das alles noch relativ locker und freut sich, dass sich die Natur jetzt etwas erholen kann, wo die Leute weniger autofahren, weil sie nicht mehr zur Arbeit gehen und von zuhause aus arbeiten. Man hört auch viel mehr Vögel singen; ist euch das aufgefallen?», fragt Margarethe. «Rudy, wie nehmen es deine Eltern?» – «Na ja, sie sind schon beunruhigt, und meine Mutter regt sich vor allem über meinen Vater auf, weil der jetzt immer zuhause hockt und weil sie so viel kochen und haushalten muss, dabei arbeitet sie ja auch noch Teilzeit. Für sie ist es sicher nicht einfach. Sie haben Angst um mich, aber sie sperren mich wenigstens nicht ein; ich darf immerhin noch mit Merry Cherry ausreiten.» – «Habt ihr noch von anderen gehört?», fragt Margarethe. «Lucia hat sich mal gemeldet, aber sie macht voll auf Drama. Mit dem Virus ist es jetzt noch schlimmer geworden. Zum Davonrennen – na ja, wenn man dürfte.» – «Leute, die Situation ist ernst, und wir müssen etwas unternehmen!», spricht Seraina feierlich. – «Worauf spielst du an?», möchte Rudy wissen, und Margarethe antwortet statt ihrer Freundin: «Ich glaube, Raina meint, es ist wiedermal Zeit für eine Zeitreise.»

3
Der Plan

«Zeit ist es definitiv, dass wir uns live wiedersehen, dafür würde ich sogar eine Zeitreise in Kauf nehmen!», bestätigt Seraina. – «Ja, ich vermisse euch auch…», seufzt Margarethe. «Ganz schrecklich sogar!» – «Aber so schlecht ist doch so eine virtuelle Konferenz gar nicht; was ist der Unterschied?» Rudy zuckt mit den Schultern, während das Bild verwackelt, so dass sein Kopf wild zu zucken scheint. Seraina prustet los. «Was machst du da für Zuckungen, Rudy?» – «Du zuckst im Fall auch, das sieht ja bescheuert aus!», entgegnet er. Margarethe bestätigt die Bildstörung, und alle drei lachen. «Internet wiedermal instabil… kann sein, dass wir gleich aus der Sitzung herausfallen», warnt Rudy. Aber Bild und Ton stabilisieren sich wieder. Dann aber werden die Mädchen wieder nachdenklich. «Weisst du, Rudy, du magst ja eher der virtuelle Typ sein…», fängt Seraina an, und wird von Margarethe unterbrochen: «Aber Raina ist halt mehr der sinnliche Typ, die möchte was Handfestes!» Rudy und Seraina erröten, was sogar über den Bildschirm sichtbar ist. Margarethe versteht selbst nicht, warum sie plötzlich anzügliche Bemerkungen macht, aber sie kann es einfach nicht lassen. Das liegt vermutlich auch daran, dass sie sich eben gerade in einen Jungen verguckt hat, der ihr nicht aus dem Sinn will. Sie ist sich nicht sicher, ob er etwas gemerkt hat und ob die Zuneigung auf Gegenseitigkeit beruht. Sicher ist für sie jedenfalls, dass ihre besten Freunde Raina und Rudy mehr für einander empfinden als nur Freundschaft, und dies schon seit geraumer Zeit. Aber da Rudy ein «hoffnungsloser Nerd» ist, wie ihn Seraina oft seufzend neckt, geht die Sache in keiner Weise vorwärts. Obwohl sie bei ihrem letzten Abenteuer im 13. Jahrhundert schon dachte, es habe endlich «gefunkt», als Seraina sich über den ohnmächtig scheinenden Rudy beugte, um ihn zu beatmen. Der Kuss fand dann in der Aufregung um ihre Flucht aus der umkämpften Burg von Glanzenberg nicht statt. Moment verpasst – wann ergibt sich eine neue Chance? Seraina tritt zwar gerne forsch auf und provoziert auch mit Vorliebe, aber wenn es um die Liebe geht, die sie selbst betrifft, um Gefühle, wird sie plötzlich schüchtern. Margarethe ist sich im Klaren darüber, dass sie als Katalysator wirken muss, um die sich anbahnende Beziehung in Schwung zu bringen, aber gleichzeitig ist sie unsicher, wie sich ihre eigene Rolle dann entwickeln wird, wenn ihre besten Freunde plötzlich nur noch Augen füreinander haben. Sie fühlt sich plötzlich sehr erwachsen und abgeklärt, obwohl sie selber noch keine richtigen Erfahrungen mit der Liebe hat.

Zum Glück unterbricht Rudy ihre Gedanken: «Mäggy, Mäggy, was ist nur mit dir los! Du stehst ja völlig unter Dampf, bist wie ein Tiger im Käfig!» – «Wieso ich? Ich empfinde eher Raina als die Eingesperrte, die ausbrechen möchte.» – «Könntest du mich bitte selber fragen, was ich empfinde?», reagiert diese gereizt. Rudy hat unterdessen einen neuen virtuellen Hintergrund gewählt, vielleicht absichtlich, um abzulenken. «Ha ha, Rudy hat sich selber in die Wüste geschickt!», lacht Seraina übertrieben laut. «Wie macht man das schon wieder mit dem Bildschirmhintergrund? Kann ich da auch eigene Fotos hochladen?» Während Rudy ihr erklärt, wie das geht, sucht sich Margarethe einen romantischen Sonnenuntergang am Strand aus. «Das wär doch was für euch zwei, oder? Ein Hintergrund zum Küssen!» Wieder ist es passiert! Es ist ihr einfach so herausgerutscht! Die beiden anderen sind einen Moment lang still, dann mault Seraina: «Määäägggggy!!! Halt doch einfach mal die Klappe!» Rudy tut so, als beträfe ihn die Sache nicht. Jetzt hat aber Seraina der Hafer gestochen: «Was ist jetzt eigentlich mit deinem Typen, Mäggy?» Das wiederum ist unangenehm für die Angesprochene, welche, wie sie befürchtet, knallrot wird. «Pscht, lass mal, nicht jetzt!», wehrt sie ab. Das findet Rudy seinerseits interessant: «So so, was für ein Typ denn?» – «Na siehst du, jetzt horcht er wieder auf!», flachst Seraina. – «Ihr lenkt nur ab, alle beide!», grummelt Margarethe.

Seraina seufzt: «Ich fühle mich wirklich wie ein Tiger im Käfig. Ich möchte euch endlich wieder in Fleisch und Blut sehen!» – «Das klingt gefährlich; willst du uns etwa zerfleischen?», flachst Rudy, doch Margarethe stimmt mit ein: «Ich vermisse euch auch schrecklich! Können wir uns nicht heimlich treffen?», schlägt Margarethe vor. – «Meine Eltern reissen mir den Kopf ab!», winkt Rudy ab. – «Wär schade drum, so ein heller Kopf!», witzelt Seraina. «Meine Tante ist auch sehr strikt, obwohl sie sonst eher locker ist. Aber sie ist auch nicht mehr die Jüngste, und das Risiko besonders für ältere Leute ist hoch.» – «Und die Zahlen steigen ständig», gibt Rudy zu bedenken. «In Grossbritannien beispielsweise…» – «Hör mir auf mit den Zahlen!», regt sich Seraina auf. «Ich kann es nicht mehr hören! Im Fernsehen, im Radio, überall heisst es nur noch MAE-CD-20.» – «Meine The-Maes-CD ist aber schon älter», witzelt Margarethe mit einem Seitenhieb auf die australische Band The Maes, die 2017 ihr zweites Album herausgegeben hat und weltbekannt wurde. Die Abkürzung des Krankeitsnamens indes meint: Multiresistente Arenavirus-Escherichia-coli-Combination-Disease vom Jahr 2020. – «Mäggy! Du hörst Känguruh-Rockmusik? … Na egal, wenn die Leute etwas mehr gesunden Menschenverstand hätten, wäre das Mää-Problem gar keines!» – «Die Zahlen sind aber in der Tat beängstigend», findet Margarethe. – «Und diese Deppen, die schon wieder Party feiern, machen mich echt sauer!», fügt Rudy hinzu. «Die könnten sich echt mal beherrschen!» – Margarethe freut sich über Rudys Kehrtwendung; es hatte sie ja erst kürzlich geschmerzt, wie ihre beiden Freunde die Krankheit in die Verschwörungstheorie-Ecke abgeschoben haben – jetzt scheinen beide den Tatsachen ins Auge zu blicken. «Genau, Rudy! Wenn wir schon enthaltsam leben müssen, sollen es alle andern auch tun!», doppelt Seraina nach, und Margarethe glaubt, ihre Gedanken zu lesen: «Ach, Raina, die Sehnsucht gehört doch schliesslich auch dazu und befeuert die Romantik!»

Seraina seufzt: «So eine Pandämonie ist alles andere als romantisch!» Rudy lacht: «War diese Wortschöpfung Absicht?» – «Na klar! Mögen alle Dämonen mit uns sein!» – «Gebt mir ein Lichtschwert, dann metzle ich alle nieder!», flachst Margarethe. – «Und ich erwürge den grausigen Wabbelschwabbel-Boss!», verspricht Seraina. – «Dann musst du aber so einen sexy Bikini tragen, und Rudy Skywobbler muss dich erlösen!», neckt sie Margarethe. – «So ein Stuss; die Prinzessin weiss sich selbst zu helfen und erwürgt das Monster mit ihren Ketten! Erinnerst du dich nicht an den Film, Teil 3?» – «Teil 3 nur nach ursprünglicher Zählung, aber du vergisst die Prequels», ermahnt sie Rudy. – «Schluss mit dem Weltraumgelaber!», fordert Margarethe. «Ihr mögt nach den Sternen greifen, aber ich bin froh, dass ich wenigstens mit dem Velo ein paar Runden drehen und ab und zu für Mama und mich das Nötigste einkaufen gehen kann. Ich plaudere dann mit den netten Verkäuferinnen, würde es sonst ja gar nicht mehr aushalten.» Die drei tauschen sich über das Neueste aus, um herauszufinden, dass es nicht viel Neues gibt, ausser stetig steigender Zahlen von Infizierten und Toten. Eine solche Pandemie übersteigt alles, was die drei jemals erlebt hatten. «Jetzt weiss man mal, wie sich die Leute damals fühlten, als Pest und Cholera grassierten!», bemerkt Seraina. – «Nix weiss man!», entgegnet Rudy. «Und damals hatte man kein Internet und wusste vieles gar nicht. Man konnte sich nicht informieren und austauschen wie wir hier und jetzt. Insofern geht es uns viel besser.»

«Ja, und vergesst nicht, dass damals die Leute starben wie die Fliegen, und niemand wusste, was man dagegen unternehmen kann», wirft Seraina ein. Margarethe schüttelt den Kopf: «So, wie es jetzt gerade aussieht, sterben die Leute auch wie die Fliegen, und keiner weiss, was läuft. Insofern sind wir nicht weiter...» – Rudy unterbricht sie: «Damals gab es schon Leute, die schnallten, was los war.» – Und Seraina fügt hinzu: «Nur hörte niemand auf sie. Das waren doch auch die Ratten, oder, die die Krankheit übertrugen?» – Rudy und Margarethe antworten gleichzeitig mit «Flöhe!», so dass Seraina leicht irritiert ist: «Wie bitte? Wer hat Flöhe?» – «Die Flöhe wurden von den Ratten, die überall herumhuschten, verbreitet», wiederholt Margarethe, und Rudy ergänzt: «Und die Flöhe übertrugen den Pesterreger. Immerhin erkannte man, dass die Ratten etwas mit der Verbreitung zu tun hatten, aber wie genau dies geschah, begriff man lange nicht.» – «Ist eigentlich fast so wie jetzt, nur dass wir jetzt eben eine Kombi-Krankheit haben, Virus und Bakterium…»

Die drei werden nachdenklich. «Und jetzt forscht man an dem Mää-Dings rum, entwickelt fieberhaft Impfstoffe gegen das Virus und sucht nach neuen Antibiotika gegen das Bakterium», sinniert Margarethe. – «MAE-CD-20», korrigiert Rudy. – «Wenn man das nur irgendwie beschleunigen könnte, aber wir sind ja keine Wissenschaftler und verfügen nicht über die Werkzeuge», seufzt Seraina «Was können wir nur tun? Untätig rumsitzen stinkt mir gewaltig!»

Rudys Augen leuchten auf, was seine Freundinnen sogar über den Bildschirm bemerken: «Wir können ja etwas tun!» – «Und was, mein liebster Schlaumeier?», wundert sich Seraina. – «Wir sind doch Experten, meine Lieben!» Margarethe nimmt amüsiert die ironisch verwendeten Kosenamen zur Kenntnis – oder sind sie wohl doch nicht so ironisch gemeint? «Wofür denn, ihr Herzblättchen? Für dumme Sprüche und misslungene Flirtereien?», neckt sie ihre Freunde. – «Du Spottdrossel!», fährt sie Rudy an, und Seraina reagiert gespielt beleidigt: «Zu mir sagst du nie so was Nettes!» – Er stutzt, dann stottert er: «Äh, was… wie… warum?» – «Sag ihr doch einfach Schnuckiputzi oder so!», feuert ihn Margarethe an. «Dann freut sie sich!» Rudy schüttelt den Kopf: «Weiber! Ihr seid albern! Ich meinte, wir sind Experten für Zeitreisen. Meine herzallerliebsten Schoggigipfeli! War das jetzt charmant genug?» Die Mädchen prusten los, und er fährt fort, ohne mit der Wimper zu zucken: «Man könnte in der Vergangenheit Rat holen: Wissen, das wir für unser heutiges Problem verwenden könnten. Seraina seufzt laut: «Das klingt mir verdächtig nach einer Zeitreise!» Margarethe verdreht die Augen: «Und aus welcher Vitrine nehmen wir diesmal das Schwert?»

4
Liebe in Zeiten der Pandemie

Die drei schauen sich an, soweit sie einander über die Bildschirme erkennen. Wer meint es ernst, wer reisst jetzt Witze? Margarethe ist sich selbst nicht sicher, was sie denken soll, aber eines ist ihr klar: «Ich habe keinerlei Lust auf erneute Strapazen und Torturen!» – «Recht hat sie; davon hatten wir beileibe genug auf unsrer letzten Mission!», pflichtet ihr Seraina bei. «Und weil wir es vorher schon vom Käfig hatten: Auf die Sadomaso-Nummer im Kerker bin ich echt nicht scharf!» – «Was für ne Nummer?», reagiert Rudy zerstreut. «Und welchen der Kerker meinst du? Wir steckten da mehrmals in der Patsche.» – «Als wir da im Sandwich angekettet die Treppe runterfielen und aufeinander lagen wie ein Haufen Schrott!» Margarethe zuckt zusammen beim Gedanken an die Schmerzen: «Autsch, das war schmerzhaft! So gern ich euch mag, ich möchte nie wieder an euch gefesselt sein!» Und mit einem schiefen Lächeln fügt sie hinzu: «Was ihr beide wollt, steht wohl auf einem anderen Blatt!» – Seraina winkt ab: «Na, mir bleibt wohl nichts anderes übrig, als mitzuziehen, wenn unser Held wiedermal die Welt retten will!» – Rudy nickt zerstreut: «Aber es ist schliesslich unsere Aufgabe, denn es geht ja auch um unsere Zukunft.» Margarethe kann sich den Spruch nicht verkneifen: «Um aus dem alten Film <Zurück in die Zukunft> zu zitieren: Es geht um eure Kinder!» Einen ziemlich langen Moment sind Rudy und Seraina still. Margarethe fragt sich, ob nur der Bildschirm spinnt oder ob wirklich beide Freunde erstarrt und knallrot geworden sind. Seraina macht ein sehr langes Gesicht. Rudy grinst nur verdattert und sieht dabei nicht besonders intelligent aus. Margarethe unterbricht das betretende Schweigen: «Also, meine Schnuckiputzis, Turteltäubchen, was machen wir nun?»

Seraina ist als Erste wieder die Alte; wie aus der Pistole geschossen ruft sie: «Eben, die Welt retten!» – Margarethe fügt hinzu: «Ausserdem würde ich gerne wiedermal was erleben jenseits der virtuellen Welt! Wir sollten in der Zentralbibliothek in vergangenes Wissen eintauchen.» – «Dabei finden wir doch alle Informationen online», seufzt Rudy. «Was müssen wir uns da die Finger schmutzig machen?» Margarethe protestiert: «Raina hat Recht. Wir müssen das anpacken, handfest, also hingehen, und vorher recherchieren, und zwar richtig!» Vor ihrem geistigen Auge sieht sie sich bereits in der Bibliothek in Begleitung des Jungen, der ihr nicht mehr aus dem Sinn geht. Vielleicht wäre das eine Gelegenheit, sich unverfänglich näher zu kommen? Gewiss würde sich Leon für eine spannende Bibliotheksrecherche begeistern lassen!

«Mäggy!», ruft sie Rudy via Bildschirm aus ihren Träumereien zurück. – «Wie? Was?», reagiert sie zerstreut. – «Das ist doch Zeitverschwendung; im Internet findest du alles!» – «Nein, ich bin altmodisch; ich möchte auch richtig nachforschen, mit richtigen Büchern!» – «Aber das kostet doch viel zu viel Zeit!», seufzt der Internetfreak enerviert. – «Ich verstehe Mäggy», verteidigt Seraina ihre Freundin; «wir sollten erst genau wissen, was in früheren Pandemien los war und was wir suchen, bevor wir überstürzt loslegen und uns wieder in irgendeiner – realen oder virtuellen – Welt verirren!» – «Ja, genau!», stimmt ihr Margarethe zu. «Ich traue dem Internet nicht, das weisst du doch, Rudy!» Dieser seufzt erneut und wirkt ziemlich genervt. «Ihr seid unmöglich! Wo ich doch mit einem Mausklick alles finde, was wir brauchen!» – «Du bildest dir schon ein, alles zu wissen, du Besserwisser!», tadelt ihn Seraina. «Lass uns doch auch eine Gelegenheit, zu zeigen, was wir draufhaben!» Bevor Rudy, auf dessen Stirn sich eine tiefe Falte gebildet hat, etwas erwidern kann, greift Margarethe beschwichtigend ein: «Ich habe ausserdem bereits konkrete Ideen und auch eine Fachperson, die vielleicht helfen kann.» Als sie das ausspricht, wird ihr mulmig zumute, denn ihre Freunde verstummen und starren sie durch die Bildschirmkamera mit einer Mischung aus Neugier und Misstrauen an. Seraina, die bereits vermutet, auf wen ihre Freundin anspielt, hält sich mit Kommentaren zurück, doch Rudy platzt heraus: «Hast du etwa einen anderen Besserwisser gefunden?» – «Nix Besserwisser, aber der ist nicht auf den Kopf gefallen, und ausserdem ist er ein bisschen älter und erfahrener als wir; der würde gut in unser Weltrettungs-Team passen!» – «Wir rekrutieren aber nicht jeden!», feixt Seraina. «Sonst wird Rudy eifersüchtig! Er war doch bisher der Platzhirsch!» – Geistesgegenwärtig ändert Rudy sein Hintergrundbild: Jetzt erkennt man Körperteile eines Rothirschs, und dessen Geweih scheint Rudy auf dem Kopf zu sitzen. Die Mädchen kichern.

«Lass uns doch mal diese Woche recherchieren, und dann treffen wir uns am Wochenende und machen eine Auslegeordnung», schlägt Margarethe vor. «Ich muss auch erst herausfinden, wann und ob die Bibliothek offen ist, und ich bin eine langsame Leserin. Ich brauche etwas Zeit.» – «Wir haben aber leider eine ziemliche Menge an Hausaufgaben zu lösen bis Ende Woche. Daher lass ich dich mit deiner… äh… Fachperson… allein in die Bibliothek gehen. Bring mir danach einen Teil der Bücher. Sobald ich die deftigen Hausaufgaben erledigt habe, schau ich rein», stöhnt Seraina. – «Was meinst du mit deftig?», reagiert Rudy, der Zwölfender, erstaunt. «Ich habe schon alles gelöst, auch die Zusatzaufgaben; das ist ja alles ganz einfach.» – «Für einen Mathe-Hirsch wie dich vielleicht schon», entgegnet Margarethe. «Ich muss da auch noch dahinter.» – «Umso mehr schlage ich vor, wir beschleunigen die Sache, damit wir die Pandemie bekämpfen und wieder normalen Schulunterricht haben», drängt Seraina.

* * *

Margarethe besteht aber darauf, zur Zentralbibliothek im Herzen von Zürich zu pilgern. Sie möchte ihre neue Bekanntschaft für diese Idee gewinnen, aber dazu muss sie ihn erst aufspüren. Natürlich ist es Plonk, der beim «Verkuppeln» hilft: Sie trifft Leon am nächsten Mittag beim Baum, unter dem sie sich kennengelernt haben.

Diesmal ist sie vorbereitet, denn sie hat vor dem Spiegel im Bad das Zusammentreffen stundenlang eingeübt, sich die Nervosität weggezaubert, indem sie sich einfach vorgestellt hat, Poppy Langschlumpf zu sein – frech und ungezähmt.

Ihre Nervosität und Schüchternheit überspielt sie burschikos, indem sie seine Bemerkung vom Vortag wieder aufgreift: «Was hab ich denn Unanständiges gesagt gestern?» – Leon ist komplett überrumpelt und grinst verlegen: «Oh, hallo Greta! Na ja, ich dachte, du hättest da einen derben Ausdruck benutzt.» – «Nenn mich Mäggy! Äh, Ausdruck? Derb? Was denn für einer?», möchte sie genauer wissen. – «Ach, vielleicht habe ich dich… falsch verstanden,… Mäggy», druckst er herum. – «Ich möchte es aber wissen!» – «Du hast ein Wort benutzt, das im englischen Sprachgebrauch, nun ja,… das männliche Geschlechtsorgan betitelt.» – «So ein Quatsch! *<Plonk>* bezeichnet doch das Geräusch, wenn jemand unsanft landet. Im Duden findet sich kein Gehänge dieses Namens», verteidigt sie sich. – «Ich denke, in den seriösen Wörterbüchern findest du keine vulgären Schimpfwörter», lacht der Junge. – «Du meinst, wie der *<Finocchio>*?», erwidert Margarethe. – «Was soll das denn sein?», wundert er sich. – «Damit habe ich mich mal gewaltig blamiert, während meines ersten Ferienjobs mit vierzehn, als ich Italienisch lernen wollte, um mit den Fliessbandangestellten der Schokoladenfabrik sprechen zu können. Ich suchte lustige Wörter aus meinem kleinen Wörterbuch, um einen vorwitzigen jungen Italiener zu necken, aber als ich ihn als <Fenchel> betitelte, wurde der sowas von sauer!», erzählt Margarethe lachend und staunt selber, wie unbefangen sie plötzlich auftritt. – «Jetzt möchte ich aber wissen, was Fenchel bedeutet. Ist das auch ein… na ja?» – «Nein, das bedeutet homosexuell.» – «Hahaha, das ist wirklich peinlich!» Die beiden lachen herzlich, und dabei wird sich Margarethe plötzlich dessen bewusst, dass sie sich mit einem wildfremden Jungen über Themen unter der Gürtellinie unterhält – und das so entspannt! Was soll der nur von ihr denken!

«Hm, aber was ist jetzt mit Plonk?», greift er den roten Faden wieder auf. – «So heisst mein Rabe», erklärt Margarethe. «So hat es gemacht, als er vom Baum geplumpst ist, in unseren Garten.» Sie erzählt ihm die ganze Geschicht, und er hört fasziniert zu. Sein Interesse gefällt ihr. Sie ist es sich nicht gewohnt, dass man ihr zuhört. Ihre Eltern sind oft zerstreut und mit ihren eigenen Themen beschäftigt, Rudy spricht lieber selbst und fährt ihr oft über den Mund, und Serainas Energie wird von der Schule und vom ständigen Hin und Her mit Rudy aufgesogen. Als die Rabenmutter ihren Bericht beendet, blicken sie zwei aufmerksame Augen freundlich an. «Das ist ja grossartig! Dann ist dieses Prachtsexemplar also dein Rabe! Mit dem originellen Namen Plonk!» Derjenige, um den es sich dreht, meldet sich mit einem lauten «Kra, kra!» zu Wort.

Margarethe fasst Vertrauen und schlägt Leon sogleich einen gemeinsamen Bibliotheksbesuch vor. Er reagiert sehr angetan von der Idee: «Mensch, ist doch klar, komme ich mit! Ich liebe Bibliotheken! Es geht nichts über den Geruch von alten Büchern, das Aroma, das während Jahrzehnten oder gar Jahrhunderten die Informationen begleitet.» Margarethe, amüsiert über seine Schwärmereien, fügt hinzu: «Und Bücher kann man anfassen und darin blättern, die sind so schön haptisch.» – «Ja, vielleicht bin ich ein hoffnungsloser Romantiker, aber ich finde es eine sinnliche Erfahrung, ein altes Buch in den Händen zu halten.» Romantiker klingt schon mal gut, denkt Margarethe bei sich und verabredet sich mit ihm für den Nachmittag. Sie eilt nach Hause und hat also noch knapp zwei Stunden Zeit, gibt Gas mit den Hausaufgaben, konferiert zwischendurch mit Seraina am Bildschirm, weil beide Mühe mit den Lateinaufgaben haben. Aber sie schaffen es, ohne Rudy auch noch mit hineinzuziehen.

«Uff, geschafft, das war mühsam!», atmet Seraina auf. «Aber wir sind Heldinnen: Wir haben es ohne den Mr. Besserwisser gemeistert!» Margarethe grinst: «Ich dachte, du magst ihn, unser Supergenie?» Seraina errötet, sichtbar auch über den Bildschirm: «Hm, ja, aber es nervt auch; er kann nichts ohne sein Internet!» Margarethe erinnert sich: «Das war schon manchmal etwas absurd; weisst du noch, als wir im alten Zürich unterwegs waren, und er kam mit seinem Teil, und das funktionierte nicht!» – «Weil es weder Internet noch Mobilfunkantennen gab!», prustet Seraina heraus. Margarethe wird nachdenklich: «Aber mal ehrlich, Raina, er ist schon dein Typ, oder?» – «Wenn ich das so genau wüsste… ich mag ihn sehr, aber er ist einfach nicht so der sinnliche Typ…» – «Du tickst aber manchmal auch eher rational als emotional», erinnert sie ihre Freundin. – «Stimmt… ich schwanke zwischen den beiden Extremen. Du dagegen bist eher die handfeste Macherin, finde ich, die Sensible und Romantische.» – «Findest du wirklich?» – «Ja, auf jeden Fall! Wie ist denn dein Typ so, erzähl?» – «Das ist erstens nicht mein Typ, ich meine, da läuft nichts…, bis jetzt…, und zweitens gehe ich mit ihm um drei zur Bibliothek.» – «Wow, dann aber los, und erzähl mir nachher von eurem romantischen Date!»

Punkt 15.00 Uhr treffen sich Margarethe und Leon am Bellevueplatz. Ihrer Mutter hat sie nichts von ihren Plänen erzählt; diese wäre alles andere als begeistert, dass ihre Tochter einen potentiellen Virusträger trifft. Das Treffen geschieht also klammheimlich, und da die Mutter ein langes, wichtiges Online-Meeting hat, fällt ihr die Abwesenheit der Tochter hoffentlich nicht auf. Margarethe hatte vorsorglicherweise noch in der Bibliothek angerufen und war angenehm überrascht, dass die Freihandbibliothek zugänglich war. Die Studenten müssten schliesslich Bücher abholen können, um ihre Seminararbeiten zu schreiben, hatte die Bibliothekarin erklärt. Schmunzelnd nahm das Mädchen das zur Kenntnis: «Rudy hat eben nicht immer Recht; man findet nicht alles online!» Eine vertraute Stimme weckt sie aus ihren Gedanken und elektrisiert sie gleichermassen: «Hallo Mäggy!» Sie sieht vor sich einen Wuschelkopf, unter dem die munter und verschmitzt blickenden Augen fast nicht zu sehen sind. «Hallo Noel!», entfährt es ihr unwillkürlich. «Äh nein, ich meine natürlich Leon!» – «Geht doch beides!», lacht er. «Nenn mich, wie du willst!» – «Naja, Leon passt, wegen deiner Haare...» – «Findest du, dass ich aussehe wie ein Löwe, mit meiner Löwenmähne, das wolltest du doch sagen, oder? Ich sollte wohl mal zum Coiffeur!» – «Nein, das wäre schade!», platzt Margarethe heraus und errötet. Er nimmt es amüsiert zur Kenntnis. Färbt sich sein Gesicht auch leicht rötlich? Leon räuspert sich: «Nehmen wir das Tram, oder gehen wir zu Fuss?» – «Ich gehe gerne zu Fuss», erwidert Margarethe. Sie hat ihr Fahrrad nicht dabei, weil es regnet, möchte aber trotzdem gern ein paar Schritte machen, vor allem, um mit Leon einen Moment lang allein zu sein. Zum Glück haben sie ein gemeinsames Thema, da gibt es keine peinlichen Gesprächspausen. Mit Feuereifer lässt sich Leon auf das Projekt ein, über Pandemien nachzuforschen. «Also, wir suchen Bücher, die sich mit Epidemien und Pandemien früherer Zeiten befassen, mit dem Ziel, ein Heilmittel zu finden? Verstehe ich das richtig?» – «Ja, genau. Ich habe mich da noch viel zu wenig informiert, denke dabei aber an die Pest in Venedig, vielleicht auch die Cholera…» – «Und die Spanische Grippe sollten wir auch noch anschauen. Das ist sicher aufschlussreich.» Dann wirft er ihr einen nachdenklichen Blick zu: «Und dann schreibst du deine Maturarbeit darüber, richtig?» – «Ja, so in der Art», wehrt sie ab, unschlüssig, wie weit sie ihn schon einweihen soll.

In der Zentralbibliothek angelangt, stellen sie fest, dass der Lesesaal nur beschränkt zugänglich ist. «Mist, man kann gar nirgends sitzen!», ärgert sich Leon. Margarethe seufzt. Zu gerne hätte sie sich neben ihn an einen Tisch gesetzt, um an der Suchstation nach Büchern zu forschen im Katalog der Bibliothek. Vielleicht hätten sich ja ihre Knie zufällig unter dem Tisch berührt? So müssen sie eben im Stehen am Computer ihre Suchbegriffe eintippen. Margarethe ertappt sich dabei, wie sie sich ziemlich nahe an Leon drängt – um auf den Bildschirm schauen zu können, natürlich! Doch als hätte jemand ihre Gedanken gelesen, ertönt ein energischer Schrei: «Abstand halten!» Beide Teenager zucken zusammen, als hätte man sie ertappt. «Wir haben eine Pandemie, da müssen alle zwei Meter Abstand halten», ruft die Bibliothekarin vom Informationsschalter herüber. «Wenn das nicht eingehalten wird, müssen wir die Bibliothek schliessen!» Margarethe und Leon tauschen schuldbewusste Blicke aus. «Na, das wird schwierig, mit zwei Metern Abstand etwas am Bildschirm suchen», seufzt Leon. – «Dann suchen wir an separaten Computern», schlägt Margarethe konsterniert vor. So hatte sie sich das nicht vorgestellt, mit ihrem «Bibliotheks-Date»!

Die beiden suchen eine Weile an verschiedenen Suchstationen, fragen den Katalog nach Schlagwörtern ab und werden fündig: «Hier hat es einen Überblick über die Epidemien der letzten Jahrhunderte; das klingt spannend!», ruft Leon, und Margarethe kontert: «Wie wäre es mit der Pest in Venedig über die Jahrhunderte? Blöd, das ist nicht vorhanden, muss erst bestellt werden. Oje, ich habe doch gar keinen Bibliotheksausweis!» – «Kein Problem; wir bestellen es auf meinen. Sofern ich mich an mein Passwort erinnere», fügt Leon schmunzelnd hinzu. Sie forschen weiter und rufen einander immer wieder etwas zu, sehr zum Ärger der Bibliothekarin, welche ihnen unfreundliche Blicke schickt. «Komisch, normalerweise sind die doch so freundlich und hilfsbereit hier in der Bibliothek», murmelt Margarethe bewusst halblaut, und Leon erwidert: «Die sind doch alle angespannt wegen der ganzen Pandemiepanik.» Und fügt leise hinzu: «Wäre doch schade, wenn sie die Bibliothek schliessen müssten.» Ungesagt bleibt, was klar im Raum steht: «Dann könnten wir uns hier nicht mehr treffen!»

Nachdem sie zwei Bücher bestellt haben, begeben sie sich in die öffentlich zugängliche Freihandbibliothek, die sich über mehrere Stockwerke im Untergeschoss erstreckt. Sie können entweder mit dem Lift fahren oder die Treppe hinuntersteigen. Nach der ersten Treppenflucht stellen sie fest, dass zwei der gesuchten Bücher noch ein Stockwerk tiefer gelagert werden. «Dann müssen wir wohl oder übel den Lift nehmen», seufzt Leon. «Bisschen eng, was?» Margarethe hat ihrerseits nichts dagegen, sich mit dem Jungen in den schmalen Aufzug zu drängen. Ihr Herzschlag beschleunigt sich auf der kurzen Fahrt, und sie wünschte sich einen Augenblick lang, der Lift bliebe stecken. Leider erfüllt sich dieser im Normalfall absurd erscheinende Wunsch nicht. Im zweiten Untergeschoss verlassen sie die winzige Kabine, nicht ohne unvermeidbare Berührungen, welche das Mädchen geradezu elektrisieren. Sie erstarrt für einen Augenblick und hätte die Nähe gerne noch länger genossen. Ob er das auch so empfunden hat? Um abzulenken, plappert sie drauflos: «Das ist das reinste Labyrinth; ich bin ja nicht zum ersten Mal hier, aber ich verirre mich jedes Mal!» Leon lacht: «Geht mir genauso!» Während sie durch die Gänge streifen, auf der Suche nach den benötigten Signaturen, halten sie den Abstand von zwei Metern nicht immer ein. Margarethe weist darauf hin: «Was passiert wohl, wenn die uns erwischen? Sperren sie uns wohl in ein schimmliges Bücherlager ein?» – «Oder in den Kühlschrank für die Raritäten, in Quarantäne?», witzelt Leon. Das Mädchen gesteht sich ein, dass sie ausnahmsweise nichts dagegen hätte, mit ihrem Begleiter zusammen irgendwo eingesperrt zu werden. «Mäggy, was ist los mit dir?», tadelt sie sich selbst im Stillen.

Vor mehreren eng aneinandergereihten Gestellen bleiben sie stehen. «Oje, die GB-500-Signaturen sind eingeklemmt; wie kommen wir denn da an die Bücher ran?», rätselt Margarethe, und Leon lacht: «Dafür ist doch diese Kurbel da, da können wir die Gestelle auseinanderkurbeln!» Gesagt, getan. Etwas mulmig ist es der jungen Geschichtsforscherin schon zumute: «Und wenn jetzt jemand an der Kurbel dreht, während wir zwischen den Gestellen stehen?» – «Dann stemmen wir uns mit aller Kraft gegen die Gestelle und schreien laut um Hilfe!» Margarethe verspürt ein Kribbeln im ganzen Körper, hat weiche Knie, als sie nahe neben Leon im engen Zwischenraum inmitten der Bücher steht. Mit ihm zusammen in der Patsche zu stecken – gefährliche Situationen erleben, wie Filmhelden – , fände sie irgendwie prickelnd. Aus ihren eigenen Gefühlen wird sie nicht ganz schlau.

5
Vom Ursprung der Quarantäne

Leons Pfeifen reisst sie aus ihren Gedanken: «Das ist mal ein Schinken!» Der Sonderband, dessen Signatur sie sich notiert hatten, ist riesig. «700 Seiten Pest im Grossformat – nicht schlecht!» – «Aber das ist viel zu schwer, um es nach Hause zu schleppen!», bemerkt Margarethe. – «Wir können ja erst mal das Inhaltsverzeichnis fotografieren und vielleicht noch die interessantesten Seiten», schlägt Leon vor und zückt sein Smartiefon. In Ermangelung einer Ablagefläche, und da alle Tische abgesperrt wurden, legen sie das Buch mit schlechtem Gewissen auf den Boden und kauern sich daneben. Beim Fotografieren streift Leon mit seiner Hand Margarethes Arm, und sie fühlt sich erneut wie elektrisch aufgeladen. Sie rutscht näher zu ihm, als wolle sie in der Inhaltsübersicht eine Kapitelbeschreibung genauer studieren: «Tiere als Überträger der Pest – das dürfte interessant sein.» – «Kein Wunder, bei dem Unrat auf den Strassen damals; denken wir mal nicht an den Gestank!», winkt er ab, und sie denkt bei sich: «Riechen tut er gut.» Sogleich ist ihr dieser Gedanke peinlich. Nichtsahnend fotografiert Leon die betreffenden Seiten und weist seine Begleiterin auf ein weiteres Kapitel hin: «Schau mal, über die Pest in London 1665, das könnte auch aufschlussreich sein.» Sie beschliessen, das umfangreiche Buch zunächst ins Regal zurückzustellen und bei Bedarf wieder zu holen. «Wir können ja erst mal die anderen suchen, und dann haben wir noch zwei Titel bestellt; die können wir morgen abholen», schlägt Leon vor. «Treffen wir uns wieder um drei am Bellevue?» Margarethe strahlt ihn an: «Ja!»

So wird die Bibliothek zu einem Zufluchtsort, der einen doppelten Zweck erfüllt: Margarethe findet aufschlussreiches Material, das dem «Weltrettungs-Trio» hoffentlich weiterhilft, und sie kann Leon unverfänglich treffen. Zuerst ist sie etwas befangen, entspannt sich aber rasch durch seine entwaffnende, unkomplizierte und freundliche Art. Er verhält sich auch in keiner Weise zudringlich, was sie schätzt. Aufdringliche Typen kann ich nicht ausstehen, denkt sie.

Im Lesesaal dürfen sie sich nicht zur Lektüre niederlassen; zuhause finden sie keine Ruhe – Margarethes Mutter würde wohl nicht begeistert reagieren, wenn ihre Tochter ausgerechnet während der Pandemie einen fremden Jungen heimbringt, geschweige denn, zu ihm nach Hause geht; ausserdem würde sie sicher peinliche Fragen stellen. So setzen sich die beiden auf ein Bänkchen im Park und schmökern in den Büchern, die sie erbeutet haben. Bewusst suchen sie sich ein vor den Blicken verstecktes Plätzchen, «damit wir den Pandemiekontrolleuren nicht in die Fänge gehen», wie es Leon formuliert. «Sonst werden wir noch ausgepeitscht!», warnt er und zeigt ihr eine Passage in einem Buch: «Wenn Pestinfizierte in der Öffentlichkeit unterwegs waren, galt das als Kapitalverbrechen!» Mit einem Seitenblick fragt sie: «Wann hast du deinen letzten MAE-CD-20-Stäbchentest gemacht?» – «Oh Graus, ich hoffe, ich muss das nie!», entgegnet er und schüttelt angewidert den Kopf. «Dann lieber ausgepeitscht werden!» – «Bist du sicher?»

Sie widmen sich ihrer Lektüre und tauschen sich immer wieder darüber aus. «Hör mal, da argumentiert der Autor, dass Seuchen sich häufig an Wendepunkten der Geschichte ereignet haben», bemerkt Margarethe – «Du meinst, dass Krankheiten wie Pest oder Cholera etwa Kriege entschieden haben?», horcht Leon auf. – «Ja, so hat Cortez 1519 Mexiko erobert: Hier steht, dass vierzig Prozent der Azteken an eingeschleppten Krankheiten starben, nicht an der Übermacht der spanischen Eroberer.» – «Das wundert mich keineswegs; die Spanische Grippe korrelliert ja auch mit dem Ersten Weltkrieg. Also, die hat jetzt natürlich nichts mit den spanischen Eroberern zu tun, aber ich lese gerade über diese Krankheit, welche die deutschen Truppen massgeblich dezimiert und geschwächt hat um 1918», erklärt Leon fasziniert.

«Wir haben ja keinen Krieg jetzt, das interessiert uns weniger», reagiert Margarethe und fügt entschuldigend hinzu: «Ich meine, es ist natürlich interessant, aber für die heutige Zeit zu wenig relevant.» – Das könnte aus Rudys Mund stammen, denkt sie bei sich. – «Ja, du hast Recht. Aber die Pestepidemie von London 1665 müssten wir mal genauer anschauen.» – «Ich finde Venedig aufschlussreicher. Die waren anno 1485 schon ziemlich fortschrittlich, isolierten ihre Kranken und hatten sogar eine Gesundheitsbehörde, lies mal.» Wieder vertiefen sich die beiden in ihre Lektüre, tauschen Bücher aus und machen sich Notizen. «Wenn es nur nicht so kalt wäre!», beschwert sich Margarethe, «Was ist das für ein Frühling!» – «Rutsch doch näher und setz dich auf meinen warmen Mantel», fordert Leon sie auf, und sie folgt seinem Vorschlag ohne Zögern. «War das jetzt ein Annäherungsversuch?», überlegt sie sich. Und wenn schon!

Dann stutzt sie: «Hm, und wenn die Kontrolleure motzen, weil wir den Abstand von zwei Metern nicht einhalten? Ich will keine Busse bezahlen müssen!» – «Stimmt! Dann müsstest du mit mir unter meinen Mantel schlüpfen, dann denken sie, wir wären nur eine Person», schlägt er vor. «Also ich möchte nicht zudringlich sein, gell!» Margarethe überlegt einen Moment lang, dann entscheidet sie sich für die praktische Lösung. Ihre Eltern wollten ja damals in der Berghütte auch nicht erfrieren… Ein bisschen lenkt sie die körperliche Nähe ja ab, aber sie beschliesst, sich wieder auf die Lektüre zu konzentrieren. Leon liest vor: «Vorreiter in Sachen Quarantäne war Venedig; weisst du, woher der Begriff Quarantäne kommt?» – «Ja, hab ich vorhin auch gerade gelesen: weil Handelsschiffe, die vom Schwarzen Meer herkamen, für vierzig Tage in Quarantäne vor Anker liegen mussten. Quaranta heisst ja vierzig», weiss Margarethe. «Und die Häuser von Erkrankten in der Stadt wurden gekennzeichnet, die Leute wurden in Lazarette gebracht. Der Begriff stammt auch aus Venedig. Es gab sogar zwei Lazarette: für die offensichtlich Kranken und für diejenigen, die in Isolation mussten wegen Ansteckungsverdacht. Die Insel, auf dem die Venezianer das Lazzaretto Vecchio erbauten, wurde schon im 14. Jahrhundert genutzt, um Pestkranke zu isolieren. Das Lazzaretto Nuovo liess man später auf einer anderen Insel errichten; es diente als Quarantänestation für Verdachtsfälle.»

Fasziniert von ihrer Lektüre, lesen die beiden weiter. Beim Umblättern streift Leon manchmal Margarethes Arm, weil sie sich unter seinem warmen Mantel gekuschelt hat. Sie geniesst dieses Gefühl der Vertrautheit und Nähe und ist froh, dass er dies nicht ausnützt. Wenn er sie jetzt plötzlich küssen würde, wäre ihr das wohl doch zu überfallartig. Natürlich lenken sie solche Gedanken immer wieder ab, und sie schreckt hoch, als sie von weiter Ferne seine Worte hört: «… tolles Thema für eine Maturarbeit, wirklich hochinteressant! Hast du dir das selber ausgedacht?» Wahrheitsgemäss antwortet die junge Forscherin, sie sei zusammen mit zwei Freunden auf diese Idee gekommen, aber es sei noch nicht klar, ob sie die Arbeit dann zusammen schreiben oder einfach mal recherchieren und schauen, was herauskommt. – Und warum eigentlich nicht später eine Maturarbeit daraus machen? «Ich bin ja noch etwas früh dran, aber die Recherche ist auch aufwändig.» – «Stört das deine Freunde nicht, wenn ich da einfach mitmische?» – «Nein, wir sind froh um jede Hilfe, die wir kriegen können!», antwortet sie und denkt bei sich: «Und wenn es gefährlich wird, dann hilft ein starker Mann erst recht!»

«In früheren Zeiten sprach man von Apokalypse; in der Überlieferung war es schwierig, Fakten und Fiktion zu trennen», referiert Leon. «Es gab mehrere Pestwellen, und man versuchte, herauszufinden, wo die Wiege der Pest war. Vermutlich zirkulierte die Seuche während mehrerer Jahrhunderte von Hafen zu Hafen.» – «Du meinst, mit dem Handel kam die Pest?» – «Man vermutet das, und das Interessante ist, dass man offenbar sechshundert Jahre Ruhe hatte in Europa, bis die Pest erneut aus China kam und via Marseille 1348 Venedig erreichte. Via Genua kam sie in die Toskana, in die Schweiz und über den Rhein bis Köln, wenn du es so genau wissen willst.» – «Also eine Verbreitung über die Wasserwege», resümiert Margarethe. «Und heute erfolgt die Verbreitung des Virus vorwiegend über den Luftweg. Wobei man ja die Pest nicht einfach so vergleichen kann mit unserer Plage. Aber ich möchte alles über frühere Pandemien wissen, um Vergleiche ziehen zu können.» – «Du meinst, ob es Gesetzmässigkeiten gibt? Das ist wirklich eine hochspannende Forschungsarbeit!», bemerkt Leon anerkennend. «Und uferlos!»

Als es langsam dunkel wird, packen die beiden ihre Bücher zusammen und gehen in Richtung Tramhaltestelle. Beim Verabschieden zögern sie und wissen nicht so recht, wie sie sich verhalten sollen: seltsam, diese Distanz, wo sie doch vorhin noch so vertraut in Leons Mantel gekuschelt nebeneinander sassen. Ausserdem fühlen sie sich beobachtet; viele Leute warten auf das Tram, und auf den Traminseln stehen Warnschilder: «Zwei Meter Abstand halten». – «Hm, dann… meldest du dich, sobald du noch mehr Bücher suchen möchtest, okay?», murmelt Leon etwas verlegen. – «Ja, unbedingt; ich muss mich jetzt noch mehr einlesen und dann mit den beiden anderen besprechen, wie wir weitermachen», antwortet Margarethe unbestimmt. Bevor sie sich verabschieden, tauschen sie noch rasch ihre Smartiefon-Nummern aus. Der Vorgang wirkt auf Margarethe ziemlich unromantisch. Offensichtlich nicht glücklich mit diesem Abschied, rufen sich die beiden Teenager ein «Ciao!» aus zwei Metern Distanz zu und winken einander, bevor sich ihre Wege trennen. Margarethe hat ein mulmiges Gefühl, dass es bis zur nächsten Begegnung ein Weilchen dauern wird.

6
Ein Schwert ohne Griff und Klinge

Zum vereinbarten Zeitpunkt trifft sich das Weltrettungs-Trio wie geplant wieder in einer Videokonferenz. Margarethe ist erleichtert, dass Seraina als Erste da ist, und diese nützt die Gelegenheit, Margarethe mit Fragen zu löchern: «Na, wie war dein Date?» – «… wir haben viel herausgefunden!» – «Wie muss ich das jetzt verstehen?», grinst Seraina. – «Jede Menge interessanter Bücher gefunden in der Bibliothek», erwidert Margarethe wahrheitsgemäss, und Seraina verdreht ihre Augen: «Nein, ich meinte doch, was zwischen den Zeilen geschehen ist!» Die Geschichtsforscherin überlegt einen Moment lang, wieviel sie ihrer Freundin verraten will, wie weit sie von ihrem Gefühlsstrudel erzählen soll, von ihren abstrusen Gedanken. «Na ja, es war irgendwie elektrisierend!», fasst sie kurz und bündig zusammen. Seraina kichert: «Das sagt doch schon alles!» Bevor sie das Thema tiefer verfolgen können, kündigt ein Piepen Rudy an. «Hallo, meine süssen Herzkäferchen!», begrüsst er seine Freudinnen jovial und mit einem Augenzwinkern. «Welche Geheimnisse tauscht ihr denn in meiner Abwesenheit aus?» Als die Mädchen komplizenhaft schweigen, zieht Rudy eine Augenbraue hoch: «Gehe ich fehl in der Annahme, dass das mit dem ominösen Fachmann zu tun hat, den Mäggy zu Rate gezogen hat?» Das fortgesetzte Schweigen bringt ihn zum Lachen: «Wäre ich neugierig, so würde mir das jetzt keine Ruhe lassen!» Seraina prustet los: «Also wenn einer neugierig ist, dann bist das du!» – «Nur bei Fakten, nicht bezüglich analogem Gesellschaftsklatsch!», kontert er. – «Und für anzügliche Bemerkungen ist er manchmal auch zu brauchen!», bemerkt Margarethe in Erinnerung an amüsante Szenen auf ihrer Mission im 13. Jahrhundert. – «Das sagt gerade die Richtige!», lacht er auf. – «Stimmt, die deftigsten Sprüche kamen jeweils von Mäggy!», grinst Seraina.

«Jetzt aber ernsthaft», drängt ihre Freundin, «wir haben viel recherchiert, und ich möchte wissen, was ihr herausgefunden habt!» – «Erzähl doch du zuerst», fordert Seraina sie auf. «Wenn Rudy mal loslegt, lässt er uns nie mehr zu Wort kommen!» – «Von mir aus, Ladies first», bemerkt er galant mit aufmunternder Handbewegung.

Margarethe wird nervös und gerät ins Stottern: «Ich… hmm… ich weiss ga-gar nicht, wo ich anfangen soll.» – «Na, fang doch einfach an», fordert Seraina sie aufmunternd auf. – «Ja, aber es ist so viel Material, und ich habe ganz viele Notizen, bloss ist alles ziemlich ungeordnet. Also wir haben vor allem über die Pest nachgeforscht», fängt sie fast entschuldigend an. «Die Pest ist darum so wichtig, weil die Menschheit offenbar stärker vor ihr betroffen war als von anderen Katastrophen. 1348 bis 1680 trat fast jedes Jahr irgendwo die Pest auf. So schätzt man 25 Millionen Pesttote über die Jahrhunderte.» Rudy nickt eifrig und möchte unterbrechen, aber Seraina bringt ihn mit einem zischenden «Schscht!» zum Schweigen, weiss sie doch, wie schnell sich Margarethe aus dem Konzept bringen lässt. – «Insofern hatte die Pest einen grossen Einfluss auf die Weltbevölkerung. Und sie hinderte oder half auch beim Aufstieg von Imperien wie beispielsweise England, welches als Seemacht weltweiten Einfluss erlangte.» – «Und mittels seiner Flotte auch Krieg führte!», kann sich Rudy nicht mehr zurückhalten. «Der Krieg spielte eine wichtige Rolle in der Epidemiengeschichte. Schon 542 brachten die Truppen Salomons die Pest nach Konstantinopel und sorgten damit für eine doppelte Invasion. In Kriegen verbreitete sich die Pest erst recht.» – «Genau!», pflichtet ihm Margarethe bei. «Und die Spanische Grippe war vermutlich sogar die entscheidende Macht im Ersten Weltkrieg!» – «Wow, du hast offenbar gut recherchiert!», bemerkt Rudy anerkennend, und sie freut sich über das Lob.

Seraina wirkt verstimmt, weil sie sich übergangen fühlt. «A propos Seemacht», meldet sie sich zu Wort: «Ich hab' da noch was zur Seefahrt: Vor allem mit dem Aufkommen der Dampfschiffe ging die Verbreitung von Krankheiten schneller. Die Segelschiffe dagegen waren zu langsam unterwegs; da starben die Leute bereits auf der Reise, bevor sie andere an Land anstecken konnten.» – «Und heute mit den Flugzeugen geht das mit der Ansteckung natürlich buchstäblich im Fluge», bemerkt Margarethe. Rudys Gesichtsausdruck verrät, dass er vor Ungeduld fast platzt: «Ihr redet kreuz und quer durcheinander und schweift total ab, folgt keinem roten Faden! Frauen!» – «Schnauze!», fährt ihm Seraina über den Mund. «Du hast schliesslich unterbrochen und mit dem Krieg angefangen, Rudy! Hast du noch mehr Informationen, Mäggy, bevor Mr. Superschlau uns in Grund und Boden redet?» Dieser schnaubt beleidigt, und die Angesprochene nickt: «Handelsreisen sorgten für die Verbreitung, aber auch Pilgerfahren. Die Ironie des Schicksals: Die Leute pilgerten nach Rom, um von einer Krankheit zu genesen, und verbreiteten die Pest dann dort erst recht! Obwohl sie nur beten wollten. Und das mit der Quarantäne für Reisende klappte damals hinten und vorne nicht: Die Bemühungen über eine staatenübergreifende Kooperation der Gesundheitsbehörden schlugen fehl bis 1851», weiss Margarethe. «Warum es Quarantäne heisst, wisst ihr, nehme ich an?» Ungeduldig winkt Rudy ab.

«Hast du noch mehr?», möchte Seraina wissen – «Ja, wir haben da noch Notizen aus einem dicken Buch, das uns zu schwer war, um es heimzuschleppen.» – «Hat dein Fachmann keine Muckis?», provoziert Rudy. – «Doch, aber der setzt seinen wohltrainierten Körper lieber sinnvoller ein als für's Bücherschleppen», kontert Seraina mit dreckigem Lachen. Margarethe schnaubt ihrerseits: «Ihr seid albern. Ich fand es interessant, dass die Pest in erster Linie als Krankheit von Nagetieren bezeichnet wird, die ausnahmsweise den Menschen infizieren konnte.» – «Das ist elementar», winkt Rudy ab. «Grundsätzlich ist ihr Wesen animalisch. Die Nager ernährten sich von den gleichen Lebensmitteln wie die Menschen.» – «Ja! Ja!», unterbricht ihn Margarethe, nicht gewillt, das Heft schon aus der Hand zu geben, wo sie mal etwas weiss: «Bis 1894 wusste man noch nicht, dass die Nager Träger der Pest waren. Die eigentliche Übertragung erfolgte über Flöhe.»

Seraina schüttelt sich angeekelt: «Igitt, da fällt mir doch das Strohbett im alten Zürich wieder ein, auf dem wir schlafen mussten, das war doch voller Flöhe!» – «Viel mehr Sorgen hätten uns damals die Kleider bereiten müssen, die wir tagelang nicht wechseln konnten», erwidert Margarethe und fährt fort: «Die Hygiene war nämlich ein Problem, weil die Leute ständig die gleichen Kleider trugen. Stellt euch das mal vor! Die Parasiten hingen an den Menschen; Flöhe wurden munter weitergegeben.» – «Erst im 17. Jahrhundert wurde der Pyjama erfunden, habe ich gelesen», flicht Seraina ein. «Damit wechselten die Menschen wenigstens am Morgen und Abend ihre Kleider. Bereits Hippokrates hatte für die Ansteckung die Luft unter Verdacht und den körperlichen Kontakt – das, was man heute auch vermutet mit <unserem> Virus.» Rudy gestikuliert wild mit den Armen, aber Seraina hat ihn heimtückischerweise auf «mute» geschaltet, und bis er es bemerkt, ist er sprachlos.

So fährt Margarethe fort mit einem Blick in ihre Notizen: «Möglich, dass Rudy das bereits früher schon gesagt hat, aber erst 1898 fand Alexander Yersin – übrigens ein Schweizer! – heraus, dass ein Bazillus die Pest auslöst und dass er über den Floh verbreitet wird. Vorher sprach man einfach von Gottesstrafe, weil die Menschen sich danebenbenommen haben.» – «Ja, die Kirche war stark involviert und suchte Sündenböcke, die man bestrafen konnte», ergänzt Seraina und schliesst feierlich: «Der Tod war omnipräsent, der Mensch lebte in ständiger Erwartung des Jüngsten Gerichts.» Der arme Rudy sieht aus, als würde er gleich platzen vor lauter Mitteilungsdrang. Dem Schlagabtausch der Mädchen folgen zu müssen, ohne mitzuspielen, ist für ihn die reinste Folter.

Margarethe erbarmt sich seiner: «Rudy weiss das sowieso schon alles, und ich versuche mich jetzt kurz zu fassen, aber es ist einfach so unglaublich spannend! Die Kranken waren schon im Mittelalter oft unvernünftig und verheimlichten ihre Erkrankung, weil sie Angst vor Isolation hatten.» – «Solche Idioten haben wir heute doch auch, weil sie keine Lust auf die zehn Tage Quarantäne haben. Dabei müssten sie nur zuhause in der gemütlichen Stube hocken», regt sich Seraina auf. – «Ja, aber damals bedeutete die Isolation oft das Todesurteil, weil die Erkrankten auf sich allein gestellt waren, nicht gepflegt wurden und wohl auch nicht genug zu essen hatten. Heute liefert der Supermarkt immerhin die Lebensmittel bis vor die Türe!», gibt Margarethe zu bedenken. – «Und die Beschränkung der Bewegungs- und Versammlungsfreiheit und die Isolierung von pestverdächtigen Einzelpersonen setzten manche Regierungen schon im 14. Jahrhundert ein, im Fall!», weiss Seraina.

Jetzt hat Rudy genug und sich selber wieder ent-muted: «Was redet ihr immer von der Pest; die würde ich nicht als auschlaggebend betrachten, wenn wir die heutige Situation betrachten!» – «Doch, weil man die Pest mittlerweile gut erforscht hat, die ist wichtig!», verteidigt Seraina Margarethes Ausführungen. «Ich habe über die Grippe gelesen, und dort war es auch nicht viel anders: Mit steigender Bevölkerungsdichte und dem zunehmenden Reiseverkehr nahmen die Zahlen der Kranken sprunghaft zu, bis es 1889 zur Pandemie kam.» – «Ja, ist mir bekannt. Dass viele Menschen auf kleinem Raum zusammenleben, war schon fünfzig Jahre früher bei der Cholera entscheidend», seufzt Margarethe.

«Aber wo wollen wir ansetzen? Zu viele Informationen! Zu viele Epidemien, schon im Mittelalter und vermutlich auch in der Antike.» – «Und die dauerten auch eine Weile», flicht Seraina ein. «Vier Jahre wütete die Pest in der zweiten Welle und dezimierte die Bevölkerung Europas schätzungsweise um ein Viertel bis ein Drittel – so genau kann man das nicht mehr rekonstruieren. Allein in Indien gab es zwölf Millionen Tote!» – «Wahnsinn! Dagegen ist das, was heute passiert, deutlich weniger beunruhigend, weil die heutige Seuche weniger tödlich ist.» – «Bis jetzt! Aber man weiss nie, wie sich das noch entwickelt.»

«Schluss jetzt, Leute, kommen wir zur Lösung», setzt Rudy ein und legt los: «Ich habe im Internet einen Hinweis gefunden, dass man im Mittelalter ein sehr wirksames Rezept gegen Bakterien gekannt haben soll. Wenn alle Antibiotika der modernen Welt versagen: Das Antibiotikum aus dem Mittelalter könnte es richten. Blöd nur, dass dieses Rezept völlig unlesbar ist, weil das Pergament, auf dem es geschrieben wurde, total zerfleddert ist. Wir müssten…» – In diesem Moment poppt eine Nachricht von Rudy auf, es enthält den Link zur Website mit den Hinweisen auf das geheimnisvolle Mittelalter-Antibiotikum. «Hey, Mister Superschlau», meint Seraina, «Antibiotika wirken nur gegen Bakterien, was machen wir mit dem Virus?» – «Daran hab' ich natürlich gedacht», grinst Rudy süffisant, «denn nach meiner Einschätzung ist das Virus ohne Bakterium nur in sehr seltenen Fällen tödlich. Ich habe das mit einem selbst programmierten Algorithmus rausgefunden… äh, die Details begreift ihr eh nicht… Der langen Rede kurzer Sinn: Killen wir das Bakterium, hat das Virus nix mehr zu melden!» – «Und warum hast du noch keinen Nobelpreis für diese Entdeckung? Wenn das stimmt strafst du alle Forscher Lügen, die ja behaupten, dass die Kombination tödlich ist, also Virus UND Bakterium!», wendet Margarethe ein, doch Rudy sieht da gar kein Paradoxon: «In der westlichen Welt trägt heute jede und jeder das potenziell krankmachende Bakterium in sich, vermutlich sogar den multiresistenten Stamm. Die Forscher sagen nur, dass die Kombination die Krankheit auslöst. Das stimmt. Entzweien wir aber das Killerpärchen, kann der übriggebliebene Keim nichts mehr anrichten.» – «Clever!», entfährt es Seraina. «Da hätten wir uns die ganze Recherche ersparen können!» Margarethe ist da anderer Meinung, aber aus persönlichen Gründen, deshalb hüllt sie sich in Schweigen. Alle klicken jetzt auf Rudys Link. Da scheint es sich um eine Seite eines englischen Archäologen-Teams zu handeln. Die drei Freunde lesen: *Bald's Leechbook – auch Laecebok oder Medicinale anglicum genannt – ist ein angelsächsisches Rezept-Buch, das vermutlich bereits im 9. Jahrhundert von König Alfred dem Großen in Auftrag gegeben wurde. Darin enthalten ist eine Anleitung zur Herstellung eines Antibiotikums. Die Seite ist unvollständig erhalten, doch eine kleine Notiz eines damaligen Baders – wie die Ärzte damals hiessen – soll so viel wie «Wirkung höchst bemerkenswert» bedeuten.*

Für einen kurzen Moment glotzen die drei Freunde wie gebannt auf ihre Bildschirme und bestaunen das Foto der völlig zerfledderten Seite, auf der das Rezept ursprünglich zu lesen war. «Schade ist die Seite so kaputt…», seufzt Seraina, und Margarethe fügt entschlossen hinzu: «Dann müssen wir wohl oder übel in die Vergangenheit reisen, um das Original-Rezept wiederzufinden!» Kaum hat sie das gesagt, entdeckt Margarethe etwas in der noch erkennbaren Anmerkung des Baders: eine kleine Strichzeichnung in Form eines… Schwertes. Mit klopfendem Herzen und zittrigen Fingern führt sie den Pfeil ihrer Maus auf die Kritzelei. Der Zeiger flackert seltsam. «Hey Leute, da tut sich was… geht mal mit der Maus auf das kleine Schwertsymbol unter der Notiz…» Seraina und Rudy scheinen wie hypnotisiert Margarethes Anweisung zu folgen. In diesem Moment fliegt Plonk durch's offene Fenster in Margarethes Zimmer hinein. «Grrita!», krächzt er zur Begrüssung und hopst vom Fenstersims auf's danebenstehende Pult. Als sich ihre Blicke treffen, spürt Margarethe einen starken Sog, der aus ihrem Laptop zu kommen scheint. Ihr wird ganz schwindlig, alles dreht sich um sie herum, als würde sie im Zentrum eines Zyklons sitzen. «Plooooooonk!», schreit sie und wird ohnmächtig.

7
Venedig sehen und sterben

«Acqua!», röchelt eine Frau, aber erst als sie stöhnt und hustet, werden andere Leute auf sie aufmerksam und machen einen grossen Bogen um sie. Seraina schreckt aus ihrer Ohnmacht auf, das Husten hat sie aus der Bewusstlosigkeit geholt. Sie stemmt sich benommen und mit pochendem Herzen in eine Sitzposition. Dann schaut sie um sich herum… Sie ist ohne Begleitung ihrer Freunde mitten in einer seltsamen Stadt aufgewacht. Es riecht nach Salzwasser, mit einer gammligen Note in der Luft. Neben ihr streckt die stöhnende Frau hilfesuchend die Arme nach Seraina aus. Entsetzen erfasst das Mädchen, als sie realisiert, dass die schwarzen Verfärbungen an den Fingern der Frau aussehen wie die Pestsymptome aus dem Internet. Grassiert hier wirklich der schwarze Tod, eine der grässlichsten Geisseln des Mittelalters? Ein unermessliches Grauen erfasst Seraina. Sie rappelt sich unter Schwindelanfällen hoch und torkelt davon. Die Menschen, die ihr entgegenkommen, schrecken vor ihr zurück. Einerseits wirkt Seraina in ihren modernen Kleidern seltsam, andererseits scheint ihr Torkelgang auch nicht gerade von bester Gesundheit zu zeugen. Die Leute können ja nicht ahnen, dass Seraina gerade eben eine ziemlich heftige Zeitreise inklusive Ortswechsel hinter sich hat.

Seraina hat gar keine Augen für die farbige Lagunenstadt, in der sie gelandet ist. Die romantischen Brücken würdigt sie keines Blickes, sie äugt wie ein gehetztes Tier in die Runde. «Rudy! Mäggy! Plonk! Verdammt! Hört mich niemand?», schreit sie verzweifelt. Und in diesem Moment des kompletten Verlassenseins kommt plötzlich alles in ihr hoch: Den Verlust ihrer Eltern hat sie damals als kleines Mädchen nur unterbewusst wahrgenommen. Alle Gefühle um diesen Schicksalsschlag lagen jahrelang gefangen in einer inneren Kammer der Seele, tief in ihr vergraben. Nun kommen diese Gefühle hoch wie der sagenumwobene Geist aus der Lampe. Sie erfassen Seraina mit der Wucht eines Tsunami. Seraina fällt auf die Knie, zittert am ganzen Körper und schluchzt hemmungslos. Sie ist ganz allein, so allein, wie sie sich noch nie gefühlt hatte – oder eben, wie sie sich ihr ganzes Leben immer gefühlt hat.

* * *

Rudy steht derweil unschlüssig vor einem zerfallen Haus am Canal Grande. Hätte er im Internet nachschlagen können, würde er innerhalb von Sekunden wissen, dass an jenem Ort in rund hundert Jahren der Palazzo Ca'Dario anstelle der Ruine errichtet würde. Was an jenem Palazzo speziell sein soll? Nun ja, sämtliche Besitzer sollten bis in die Neuzeit gewaltsame Tode erleiden – der Ort soll verflucht sein, also auch das Haus.

Rudy weiss nur, dass ihn das Zeichen über der Tür dazu bewegt hat, stehenzubleiben: das Schwertsymbol aus dem Internet. Rudy fasst Mut, öffnet die knarrende Tür und tritt in die Ruine ein. Das Dach ist bereits eingestürzt, die Mauern stehen noch. Er kraxelt über Schutt und Balken, als er etwas Glänzendes in den Trümmern entdeckt: ein Schwert.

In diesem Moment erschallt ein diabolisches Lachen hinter ihm. Rudy wendet sich abrupt und erschrocken dem Gelächter zu und sieht einen drahtigen Mann in einem Umhang im Türrahmen stehen. Er hat eine unheimliche, finstere Ausstrahlung wie ein Zauberer oder Hexer. «Gestatten, mein Name ist Meister Pandemios. Offiziell bin ich Handelsreisender aus England. Inoffiziell bin ich einer der mächtigsten Hexer von Europa. Mit den armseligen Hexen, den kräuterkundigen Wohltäterinnen, die stets wegen meiner bösartigen Taten auf dem Scheiterhaufen landen, habe ich nichts am Hut. Ich allein bringe den Tod in Stadt und Land. Wie einfach ist das doch, wenn die Menschen von Ursache und Wirkung keinen Schimmer haben. Man nehme einfach infizierte Ratten und lasse sie frei. Wo es Flöhe hat, hat es bald auch Pestkranke», monologisiert der seltsame Fremde und blickt Rudy mit funkelnden Augen an, «ich helfe nur nach! Ich bin Luzifers Arm auf Erden! Und dich, kleinen Naseweis, werde ich auch bald auf der Pestinsel festsetzen!» – Rudy weiss gerade nicht, ob er die Witzfigur ernst nehmen soll oder nicht. Irgendwie erinnert er ihn an einen durchgeknallten Endzeitprediger. Doch magische Kräfte kennt er ja noch sehr gut von seinem Glanzenberg-Abenteuer her. Überhaupt hat er in vergangenen Zeitreisen dauernd diabolische Gestalten erlebt – Helleborus, der sich im Kerker von Glanzenberg als König der Mäuse auf ihn und seine Freundinnen stürzen wollte, ist nur die Spitze des Eisbergs. Darum ist er jetzt vorsichtig, denn er will keinen Fehler begehen und diese Gestalt hier unterschätzen. Pandemios als Name steht jedenfalls schon mal für ein Programm: Dieser Kerl behauptet also, Pandemien zu verursachen. In Rudys klugem Hirn arbeiten die grauen Zellen gerade wieder mal auf Hochtouren, denn er braucht das Schwert, das im Schutt liegt – jetzt und sofort, und einen Raben obendrauf.

«Der Ort ist verflucht, so auch das Haus! Wer hier eingeht, kommt nimmer lebend raus!», prophezeit der Alte mit bebender Stimme. In diesem Moment springen von allen Seiten her Flöhe auf Rudy zu. Der Computer-Nerd würde es mit jedem Online-Virus aufnehmen, doch pestinfizierte Flöhe lassen ihn doppelt erschaudern: Nur schon die Armada an Krabbeltierchen selber sorgt für Grusel, aber die Vorstellung, dass ein Biss das Ende bedeutet, lässt ihm das Blut in den Adern gefrieren.

* * *

Margarethe kämpft sich aus einem Berg an Büchern frei. Sie ist samt ihren Bibliotheks-Ausleihen in Venedig gelandet – sie unten, alle Bücher obendrauf. «Autsch! Das gibt blaue Flecken!» Warum musste ich wieder mal die grössten Schmöker mitnehmen. Als sie sich wie eine frisch geschlüpfte Schildkröte an die Oberfläche gekämpft hat, landet auch schon Plonk auf einem der dicken Bücher. Sie streichelt ihren Raben und redet leise mit ihm. Der Rabe gurrt beruhigend.

Margarethe sitzt auf einem Bücherhügel und zieht verwunderte Blicke auf sich. Was wohl mögen die verdutzten Venezianer von ihr denken? Ihr ist das peinlich; sie rappelt sich auf und balanciert auf den Büchern, um wieder festen Boden unter die Füssen zu kriegen. «So viele habe ich nie und nimmer heimgebracht, das hätten nicht mal zehn Leons tragen können», wundert sie sich, als sie vor dem Bücherhaufen steht, Plonk auf ihrer Schulter. «Grrita, Ra-Ru su!», krächzt der Rabe, und Margarethe nickt: «Ja, lass uns Raina und Rudy suchen!»

«Wow, ist das Venedig? Der Turm da sieht aus wie der Campanile San Marco, aber es fehlt die Spitze. Dann sind wir hier früh im Mittelalter gelandet – ein Traum! Wenn ich es doch nur geniessen könnte!», sinniert Margarethe, kann es aber dennoch nicht lassen, nach einem der Bücher zu greifen. Darin liest sie, dass die Basilica San Marco bereits zwischen 976 und 1094 im byzantinischen Stil erbaut und der Turm im 12. Jahrhundert vollendet wurde. «Ach so, und 1178 erhielt er ein weiteres Geschoss, das später umgestaltet wurde, und 1510 bekam er also erst eine Spitze aufgesetzt», liest sie halblaut vor sich hinmurmelnd. Weil im Buch eine Skizze der hinzugefügten und 1329 verschönerten Klangarkaden abgebildet ist, gibt das Margarethe die Möglichkeit, die Zeit einzugrenzen, in der sie gelandet ist: nach 1329, aber vor 1510, weil die neue Spitze des Turms fehlt. Als sie weiterliest, findet sie die Information, dass die Basilica in der zweiten Hälfte des 14. Jahrhunderts in der dritten Bauphase im Stile der venezianischen Gotik umgebaut wurde. «Also sind wir zwischen 1329 und 1350 in Venedig», flüstert Margarethe, klappt das Buch zu und schaut zu Plonk, der auf einem Buch über die Pestepidemie hockt.

Margarethe legt ihre Lektüre weg und greift zur nächsten. Plonk springt kurz zur Seite. Margarethe klappt das Werk mit zittrigen Fingern auf, dann stöhnt sie, als sie erkennt, dass sie sehr wahrscheinlich ziemlich genau zur ersten Pestwelle in Venedig gekommen sind, die 1348 ausgebrochen war. Ihr Magen zieht sich dabei unwillkürlich zusammen; ein ungutes Gefühl erfasst das Mädchen. «Ich könnte wetten, dass es so ist! Wir landen immer in den übelsten Zeiten, also wird es auch diesmal so sein...», grummelt sie, als Plonk unruhig wird und davonfliegt.

Um ihn nicht aus den Augen zu verlieren, wirft sie das Buch achtlos – und mit schlechtem Gewissen – auf den Haufen zurück und folgt ihrem Raben, der schnurstracks den Hafen ansteuert, der nur wenige Dutzend Meter von ihrem Bücherstapel auf dem Markusplatz entfernt liegt. Plonk gibt ihr damit ziemlich klar zu erkennen, dass er aus einem unerfindlichen Grund genau weiss, was zu tun ist.

Am Hafen vor der Einfahrt in den Canal Grande angelangt, staunt Margarethe über die stolzen Segelschiffe, die hier ankern... da erblickt sie eine englische Fahne auf einem Zweimaster, bei dem darüber hinaus auf dem hinteren Deck eine goldene Kanone steht. Sofort macht es klick in ihrem Hirn: «Das englische Antibiotikum-Rezept! Vielleicht müssen wir gar nicht nach London, um die Mittelalter-Salbe zu finden!»

Rasch sucht sie nach einer Auskunftsperson. Zwei Matrosen machen sich gerade daran, eine Ladung Gewürze an Bord des englischen Schiffes zu bringen. Margarethe geht beherzt zu den beiden hin und fragt: «Where can I find your Captain?» – Die beiden Matrosen glotzen verdattert drein und antworten in einer italienisch anmutenden Sprache. Doch Margarethe versteht sie nicht, darum versucht sie es ihrerseits auf Italienisch: «Dove si trova il … äh Boss äh… capo?» – Die Matrosen beginnen derart zu lachen, dass sie ihre Ladung absetzen müssen. – «Ecco che arriva!», schafft es einer gerade noch zu sagen und krümmt sich vor Lachen. Als sich Margarethe umdreht, steht ein drahtiger Mann in einem Umhang vor ihr. «Captain Pandemios, at your service, Mylady!»

* * *

Weil Seraina Rätoromanisch spricht, kann sie sich in Venedig gut durchfragen. Das Italienische ist ihr nicht ganz so fremd wie Margarethe. Sie erfährt von einer eleganten Dame, die total angetan ist von Serainas Jeans, dass gestern Abend ein Junge in ähnlichen Kleidern wie Seraina wie von der Tarantel gestochen an ihr vorbeigerannt ist. Die Dame erklärt Seraina, die Pestkranken würden mit einem Boot auf die Insel Lido di Venezia gebracht, und warnt sie vor den Kranken. Seraina nickt, bedankt sich und verabschiedet sich von der Dame.

Nun ist Seraina wieder allein. Sie hat lange gebraucht, um sich von ihrem Flashback zu erholen. Sie hatte die Nacht damit verbracht, im Mondschein herumzuirren. Die Wellen in den Kanälen schienen ihr Bilder zu senden, Bilder aus glücklichen Tagen. Fantasierte sie, oder war da wirklich ein heilender Zauber am Werk? Die Bilder ihrer Eltern tauchen auch jetzt noch vor ihrem geistigen Auge auf, aber irgendwie scheint der Nervenzusammenbruch auch wie ein heilendes Gewitter gewesen zu sein. Jetzt, in der Frische des Morgens, fühlt sie sich wie neu geboren.

Und irgendwie spürt sie plötzlich eine grosse Sehnsucht in sich. Sie muss an Rudy denken. Jetzt, wo alles weg ist, was sie sonst um sich hat, wird ihr plötzlich bewusst, dass sie ihn zutiefst und ehrlich liebt.

Am Schiffsanlegesteg in der Nähe des Campanile angelangt, fragt sie weiter hoffnungsvoll nach Rudy, als ein älterer Herr mit traurigen Augen zu ihr hintritt und sie offensichtlich am liebsten tröstend umarmt hätte. Mit bebender Stimmte erklärt er, dass seine Tochter hinüber auf die Pestinsel gebracht worden ist. Auf dem Boot sei auch ein Junge in seltsamer Kleidung gewesen, der sich heftig gewehrt habe, aber er habe keine Chance gehabt. Seraina starrt hinüber auf die Insel. Sie lässt den alten Mann stehen und geht zu einem Kohlehaufen. Schnell bringt sie an ihren Händen und am Hals schwarze Flecken an. Das tut sie nur ungern, denn Hygiene ist ihr äusserst wichtig. Damit will sie es erzwingen, auf die Insel gebracht zu werden – ein Plan, der aufgeht.

In einem spartanischen Boot wird sie hinübergebracht wie Vieh, zusammengepfercht mit drei Männern, zwei Frauen und zwei Kindern – alle mit deutlichen Pestsymptomen – Beulen am Hals und blauschwarze Hände. Obwohl es Seraina klar ist, dass sie sich spätestens jetzt in äusserster Lebensgefahr befindet, spürt sie keinerlei Angst. Ihr Herz sehnt sich danach, Rudy in die Arme zu schliessen. Ungeduldig blickt sie auf die beiden Männer am andern Bootsende, die die schäbige Barke zur Pestinsel rudern. In deren Augen liest sie Abscheu und Angst – verständlich, war ja damals den Leuten nicht einmal klar, woher die Seuche stammt und wie sie übertragen wird.

«Bloss keine Flöhe auflesen…», denkt Seraina bei sich und richtet ihren Blick zur Insel, auf der schon in achtzig Jahren das Lazzaretto Vecchio für Pestkranke erbaut wird – also ein richtiges Krankenhaus. Doch schon jetzt dient die Insel dazu, die Kranken abzusondern. Nur sind die Gebäude, in denen die Pestkranken bis zu ihrem Tod dahinsiechen, im Moment noch behelfsmässige

Holzbaracken – womöglich von den Patienten selbst errichtet, wer weiss… Die erste Pestwelle hat Venedig gerade fest im Griff, die Menschen sind überrumpelt worden. Das erklärt, weshalb die Infrastruktur völlig fehlt und die Kranken mehr oder weniger sich selbst überlassen werden. «Dabei müssten sie einfach die Ratten ersäufen…», denkt Seraina, so wie es Rudy gesagt hat. Im nächsten Moment wird ihr alles klar: Die Menschen hier wissen nicht einmal, dass der Pesterreger ein Bakterium ist, geschweige denn dass er in Ratten vorkommt und über Flöhe auf andere Ratten und auf Menschen übertragen wird. Kein Wunder, ist es den Menschen damals wie eine Strafe Gottes vorgekommen… Wenn man keine Erklärung hat, bastelt man sich eine.

Jetzt legt das Boot an. Die Fährmänner schreien die Kranken an, sie sollen das Boot verlassen. Seraina hilft einer sehr schwachen Frau. Da erkennt sie, dass es jene Frau ist, die Seraina durch ihr Stöhnen aus der Bewusstlosigkeit nach der Zeitreise geholt hat. Beide stolpern gemeinsam mehr schlecht als recht an Land. Dort bricht die kranke Frau zusammen und stöhnt. «Dammi da bere!», röchelt sie, was Seraina irritiert, da es wie ein Fluch klingt, aber niemand beachtet sie in dem turbulenten Treiben, das auf der Insel herrscht. Jene, die noch auf den Beinen sind, versuchen aus Holz und Lumpen Unterkünfte für sich und ihnen nahe stehende Sterbenskranke zu bauen. Seraina blickt auf die durstige Frau, kniet neben sie nieder und erklärt ihr, dass sie Wasser holen und einen Freund suchen geht. Sie verspricht ihr, zurückzukommen.

Ein grösseres Holzgebäude steht auf der Insel. Seraina steuert schnurstracks auf dieses zu und tritt dann ein. Stöhnen und trockener Husten erfüllen den Raum, welcher vollgestopft mit Menschen ist; unangenehmer Geruch nach Krankheit und Fäulnis liegt in der Luft. «Acqua!», röchelt eine kranke Frau, die beim Eingang liegt. Seraina wird dadurch an ihr Versprechen erinnert. «Acqua!», keucht die Kranke erneut, mit immer schwächer werdender Stimme. Auf einem wackligen Tisch steht ein angeschlagener Tonkrug, um welchen Fliegen kreisen. Aus der Kochnische mit ihrer Feuerstelle, über welcher ein Kessel an einer Kette hängt, riecht es russig und säuerlich. Die Türe knarrt in ihren Scharnieren. Eine seltsame Silhouette, die an einen Geier erinnert, erscheint im Eingang und wirft einen Schatten an die schmutzige, unverputzte Mauer gegenüber, an welcher sich Lumpen und Gegenstände türmen. Gejammer erfüllt das Zimmer und wird lauter.

Eine Gestalt mit einer langschnäbligen Maske betritt den Raum – sie hat die Geiersilhouette verursacht. Der Maskierte sieht sich vorsichtig um, darauf bedacht, den am Boden und auf dreckigen Tüchern liegenden Menschen nicht zu nahe zu kommen. Hände versuchen nach dem Besucher zu greifen, Hände von überallher. Leute liegen am Boden, auf Bettstätten, sitzen auf Stühlen und Hockern. Alle sehen elend und verzweifelt aus, manche haben dunkle Male im bleichgelben Gesicht und violette Ränder unter ihren Augen. Und die schon länger Kranken haben üble Beulen, die zum Teil aufgeplatzt sind.

«Venite, dottore!», ruft eine Frau, die ein Tuch um Gesicht und Kopf geschlungen hat, so dass die Augen nur durch schmale Schlitze gucken können. Sie kniet neben einem behelfsmässigen Bett, auf welchem ein Mädchen liegt, welches offensichtlich Fieber hat und hustet. Der Schnabelträger nähert sich, ergreift das Handgelenk des Kindes und verharrt einen Augenblick regungslos. Dann schüttelt er den Kopf. Die Frau bricht in Tränen aus. Der seltsame Vogelmensch hebt die Hand, wie ein Stoppsignal, als warte er auf etwas.

Erneut knarrt die Türe, welche wie von Geisterhand wieder ins Schloss gefallen ist. Eine weitere Vogelkopfsilhouette wird sichtbar, aber diesmal weisen der lange Umhang und bodenlange Rock auf eine Frauenperson hin. Man sieht ihr wallendes Haar unter der Maske. Sie tritt zu der weinenden Frau neben dem Kind, kramt in ihrer Umhängetasche und entnimmt ihr einen

Tiegel. Sie murmelt ein paar Worte zu der Mutter. Diese deutet eine Verbeugung an und nimmt den Behälter entgegen – vermutlich eine Salbe zur Linderung des Juckreizes. Die Vogelfrau blickt sich im Raum um, welcher ein Bild des Jammers bietet. «Eine Pestärztin», kommt es Seraina in den Sinn, «ein Abbild ihrer Schnabelmaske habe ich im Internet gesehen. Da sind diverse Schutzdüfte eingearbeitet, unter anderm Gewürze…»

Seraina besinnt sich ihres Versprechens und greift sich zwei der zahlreichen Wasserkrüge, die auf einem Regal für die Patienten bereitstehen. Einen drückt sie der Kranken bei der Tür in die Hand, den andern bringt sie der Frau am Ufer. Sie entschuldigt sich, dass sie nicht mehr für die beiden tun kann, weil sie ja ihren Freund sucht. «Dio benedica te e il tuo amico», röchelt die Frau am Ufer, als Seraina sie zurücklässt, um nach Rudy zu suchen.

Erneut betritt sie das Gebäude, in dem die Pestärzte ihren fast aussichtslosen Kampf gegen die heimtückischen Bakterien führen. Ihr Blick schweift erneut durch den ziemlich grossen Raum. Doch es ist finster, sie erkennt kaum etwas. Es scheint, dass Männer und Frauen getrennt behandelt werden. So scheint es ihr logisch, dass sie die Männer suchen muss, um Rudy zu finden.

In diesem Moment bewegt sich etwas Kleines neben ihren Füssen, raschelt durch verschmutzte Lumpen, die am Boden liegen. «Ah!», ruft die Medizinerin, dann greift sie erneut in ihre Tasche und fischt einen Beutel oder ein Bündel heraus, welches einen starken Geruch verströmt. Sie öffnet die Türe, welche sich wieder geschlossen hat, nimmt mit den Fingerspitzen etwas aus dem Bündel und wirft es direkt vor die Türe. Mit Gefiepe huschen mehrere mäuseähnliche, aber deutlich grössere Wesen mit Schwänzen, die an Schlangen erinnern, aus dem Schmutz und aus den Lumpen am Boden auf das verdorbene Fleisch zu. Offenbar befriedigt von der Reaktion, nimmt die Vogelfrau einen weiteren Brocken hervor und wirft ihn etwas weiter hinaus auf die Strasse. Weitere Ratten kriechen aus ihren Verstecken und stürzen sich auf die Leckerbissen.

«Basta la malattia!» ruft die Frau – Seraina versteht das als «Schluss mit der Krankheit!» – dazu murmelt die Fremde ein paar Grussworte auf Italienisch, bevor sie wieder hinausgeht. Es scheint, dass die Ärztin begriffen hat, dass wer die Ratten vertreibt, auch die Krankheit in Schach hält. Die Ratten halten einen Festschmaus, und manche folgen der Gönnerin, welche bereits einen weiteren Happen bereit macht und sich zum Gehen wendet.

«La pazza!», flüstert ein Mann aus der gegenüberliegenden Ecke des Raumes. Seraina erkennt, dass sich der Alte kaum aufrecht halten kann. «La pazza!», spricht er erneut aus – «die Verrückte» – und wendet sich seinem Nachbarn zu, welcher im Fieberrausch kaum noch reagiert. «Nix pazza, das ist sogar sehr schlau!», ruft ein junger Mann aus einer dunklen Ecke. Als sich Serainas Augen an die düstere Atmosphäre gewöhnt haben, erkennt sie, dass der Junge eine Brille trägt, eine schweissgebadete Stirne hat und völlig ermattet an eine Wand gelehnt liegt. Er röchelt: «Sie lockt… die Ratten weg,… und die Ratten verbreiten… die Krankheit.» – «Non capisco!», winkt der Alte ab. Der Junge stöhnt und versucht sich aufzurichten, aber seine Kräfte lassen nach. Der Mediziner, der für die Männer zuständig ist und auch eine Schnabelmaske trägt wie seine Kollegin, würdigt ihn keines Blickes, während er seine Runde macht, umgeben von Geschrei. «Aiuto!» – «Signore, pietà!»

Seraina aber achtet nicht mehr auf das Geschrei um sie herum, sie stürzt sich auf Rudy und umarmt ihn unter Tränen. Er ist durchgeschwitzt und von den Fieberschüben stark geschwächt. Eindeutige Pestsymptome wie blauschwarze Hautverfärbungen oder Beulen scheint Rudy noch nicht aufzuweisen – er ist ja auch erst seit wenigen Stunden krank. Völlig verdattert röchelt er: «Raina! Bist du wahnsinnig? Das ist die Pestinsel, hier kommst du nicht mehr lebendig weg!» – «Das ist vollkommen egal. Rudy, endlich habe ich dich gefunden! Allein das zählt!»

Mit besorgtem Gesicht beugt sich Seraina mit ihren langen dunklen Haaren über den Kranken und fragt ihn: «Hat es dich auch erwischt?» – «Schütze dein Gesicht, du brauchst eine Maske!», ermahnt er sie mit schwacher Stimme. «Wo ist Mäggy?» – «Ich hoffe, sie ist wohlauf, sie ist verschwunden. Ich verstehe das nicht.» – «Ich habe Angst um sie! Der diabolische Kerl hat angedroht, uns krank zu machen, und bei mir hat er es bereits geschafft. Ich hoffe, sie haben Mäggy nicht gefangengenommen und mit der Pest infiziert!» – «Mal den Teufel nicht an die Wand! Ich habe dich gefunden, und wir werden Mäggy finden – oder sie uns! Plonk ist – glaube ich zumindest – bei ihr!», spricht Seraina zuversichtlich, fügt dann aber hinzu: «Was für ein diabolischer Kerl?» – «Pandemios nennt er sich, ein englischer Hexer. Er brüstet sich damit, die Ratten nach Venedig gebracht zu haben…», röchelt Rudy, und Seraina seufzt: «Nicht schon wieder so ein durchgeknallter Idiot, hey, Rudy, wie viele dieser Typen haben wir schon bezwungen? Diesen Rattenfänger zermörsern wir mit Links!» – Rudy kichert gequält.

Seraina hält ihn immer noch innig umschlungen. «Du erdrückst mich, Raina», ringt er nach Luft und versucht, sich etwas aufzurichten. Sie schweigt und legt ihren Kopf auf seine linke Schulter. Rudy schielt zu ihr, blickt in ihre dunklen Augen, die ihn in eine endlose Tiefe hinunterziehen, nimmt ihren Geruch wahr, spürt ihre seidenen Haare auf seiner linken Wange und ihre Arme, die seinen Oberkörper umfassen. In diesem Moment scheint es ihm, als würde sich alles, was ihn bisher ausgemacht hat – analytisches Denken und die digitale Welt –, wie Nebel in der Sonne auflösen. Rechts von ihm grinst in Rudys Fieber-Tagtraum Gevatter Tod, streckt ihm eine Skeletthand entgegen und raunt: «Komm! Komm mit mir! Mach kein Theater.» – Auf seiner Linken umschlingt ihn ein Mädchen in wahrer Liebe.

Rudy spürt plötzlich sein Herz klopfen – sein Herz! Nicht sein Hirn. Bisher hat er nur auf sein Hirn geachtet. Jetzt bewegt er die rechte Hand, aber nicht zum Sensenmann hin, nein, er hebt sie und streichelt sanft Serainas Wange.

«Es ist paradox», keucht er. – «Was?» – «Dass es den Tod braucht, um die Liebe zu erkennen…» – Seraina lächelt und seufzt – vor innerem Glück. In diesem Moment scheint die Zeit still zu stehen. Die beiden Teenager spüren nur das Glück ihrer Liebe im Herzen. Keiner der beiden weiss, wie lange sie so daliegen.

* * *

Schliesslich ist es Seraina, die wieder zu denken anfängt: «Ich habe die Frau mit der Maske gesehen; sie hat die Ratten fortgelockt!» – «Fantastisch! Ich sagte doch, das ist das Einzige, was hilft!», entgegnet Rudy mit schwacher Stimme, aber mit der für ihn typischen Begeisterung. – «Jetzt brauchen wir aber eine Medizin, und zwar dringend – für dich, du Armer!» Rudy lächelt schwach: «Wir werden sie finden! Aber nicht hier in Venedig im Jahre 1348, sondern in London, drei Jahrhunderte früher. Diese Medizin wird nicht nur mich retten, sondern auch unsere Welt im Jahr 2021!» – «Und wie sollen wir hier wegkommen?» – «Mäggy wird uns finden. Das tut sie doch immer», meint Rudy, und fügt total unüblich für ihn hinzu: «Ich fühle es in meinem Herzen, dass alles gut kommt.»

* * *

Margarethe folgt mit einem miesen Gefühl in der Magengegend dem hageren Engländer, der wie ein Gockel im Kapuzenmantel vor ihr her stakst. Plonk landet auf Margarethes rechter Schulter und gurrt ein «Panda Po Po em» in ihr rechtes Ohr. – «Hä?», macht Margarethe, die sonst ihren Raben immer auf Anhieb versteht. Plonk schaut nach Vorne und krächzt «Panda». – «Ach so, du meinst, Meister Pandemios sei ein A… äh, Po? Problem? Findest du? Also ich weiss nicht. Ich hab auch ein ganz mieses Gefühl, aber Engländer sind doch meistens etwas unterkühlt…» – Plonk plustert sich auf und zeigt so sein Unbehagen.

Um sich etwas abzulenken, blickt Margarethe die Fassaden der Häuser am Canal Grande hinauf. Ein Palazzo ist schöner als das andere. Die bunten Häuser wirken fröhlich und einladend und zeugen von grossem Reichtum.

Zu Margarethes Enttäuschung stoppt der Engländer vor einer Ruine seinen staksenden Gang, dreht sich zu Margarethe um und spricht zu ihrer Überraschung auf Deutsch: «Hier werden Mylady Ravenheart das Schwert finden, das zum Raben gehört. Und es bringt Euch nach London…» Pandemios lässt ein sadistisches Lachen hören, als er fertig gesprochen hat. Margarethe und Plonk gefriert beinahe das Blut in den Adern. Sie blicken einander unschlüssig an. Doch es nützt nichts – ohne Schwert kein Rabenzauber!

Margarethe betritt das düstere Haus, Plonk bleibt ihr auf ihrer Schulter hocken. Als sich Margarethe umdreht, ist Pandemios verschwunden. «Schwe da!», krächzt Plonk und fliegt auf ein funkelndes Metall zu. Bevor er es mit den Fängen greifen kann, springen aus den Trümmern Millionen von Flöhen in die Höhe. Margarethe stösst einen spitzen Schrei aus. Doch Plonk ist schneller als die Flöhe, denn als er das Schwert berührt, verschwindet die Ruine mitsamt den Flöhen, als hätte man alles wie einen Vorhang hochgezogen.

8

Leon Löwenherz

«Wo sind wir?», fragt Seraina und reibt sich die Augen. Sie liegt immer noch neben einem lethargischen Rudy und bangt um sein Leben. Sie schüttelt ihn kurz, um sich zu vergewissern, dass er noch lebt. Rudy stöhnt, Seraina atmet auf. Als sie ein weiteres Stöhnen im Raum vernimmt, schreckt sie auf: «Wer ist da?» – «Raina? Bist du es?» – «Mäggy!!! Mäggy!!!», schreit Seraina, die die Stimme ihrer Freundin sofort erkannt hat. Seraina rappelt sich hoch und springt im Halbdunkel zu ihrer Freundin, die unweit von ihr ebenfalls im Heu liegt. Da stolpert sie über ein muskulöses Bein und fällt der Länge nach hin. – «Au! Was war das? Was ist hier los? Wo bin ich?», fragt sich ein wuschelhaariger, kräftiger Junge und setzt sich verdattert auf. Margarethe, die keine zwei Meter neben ihm in der Hocke sitzt, jauchzt «Leon» und würde ihm am liebsten um den Hals fallen.

Seraina steht auf und murrt: «Den Lover bringst du mit, aber Schwert und Rabe hätten wir jetzt bitterer nötig! Rudy ist pestkrank! Wir müssen ihn sofort nach Hause ins 21. Jahrhundert holen und ihm ein Antibiotikum geben!» Entsetzt starrt Margarethe sie an: «Rudy hat die Pest? Das darf doch nicht wahr sein!» – «Ja, wir dürfen keine Zeit verlieren! Wo ist dein genialer Rabe?», schreit Seraina fast hysterisch, und Margarethe schüttelt sie: «Stopp! Raina! Hey! Plonk war es, der uns hierhergebracht hat. Ich weiss nicht, wo er jetzt ist, aber hier finden wir das Antibiotikum, das die Pest und unser Mää-Dings heilt. – «MAE-CD-20», korrigiert ein völlig geschwächter Rudy und fügt hinzu: «Soll mal… jemand schauen, ob… wir wirklich… im 10. Jahrhundert in Lo-Lo-London sind.»

Während sich die drei Freunde wie selbstverständlich über Zeitreisen unterhalten, sitzt da ein Leon mit offenem Mund im Stroh. Nach einer kurzen Pause fragt er mit gestresstem Unterton: «Stopp!!! Was passiert hier? Kann mir das mal jemand erklären bitte?» – Seraina seufzt und entgegnet: «Wenn du Mäggy toll findest, musst du dich langsam daran gewöhnen, dass man mit ihr dauernd in irgendwelche vergangenen Jahrhunderte plumpst. So Leute, Vorschlag meinerseits: Leon und Mäggy, ihr zwei geht schauen, wo wir sind. Ich bleibe bei Rudy und verarzte ihn, so gut es geht. Er wird nicht stehen können, also müsst ihr beide sowohl die Pest wie auch unser Mää-Dings bezwingen, indem ihr das antibakterielle Mittelalter-Rezept findet – Mäggy Rabenherz! Leon Löwenherz! Los!»

Margarethe und Leon blicken sich verdutzt an, dann rappeln sie sich hoch. Leon schreitet mit festen Schritten zur Stalltür, öffnet sie einen Spalt weit, dreht sich aber dann um und seufzt mit einem fragenden Blick: «Mäggy, ist deine Freundin immer so?» – «Äh, ich glaube Rudy geht's wirklich nicht gut, wir müssen uns beeilen», erklärt sie kurz und schiebt Leon nach draussen in einen wunderbaren Sonnenaufgang. Die Luft ist so frisch wie nach einem Platzregen, die Landschaft so lieblich, frisches Grün, wohin das Auge reicht, und nach Blüten duftend, wie sie beide es noch nie erlebt haben. Leon ist hin und weg: «Natur pur! Ich bin zuhause!» Margarethe blickt in sein entspannt wirkendes Gesicht. Er hat die Augen geschlossen und geniesst den Augenblick. Seine Ruhe tut Margarethe gut. Sie, die sonst immer in Alarmstimmung ist, fühlt sich plötzlich so, als trüge sie die ganze Last der Welt wie eine Feder auf den Schultern.

«Wie ist das mit den Zeitreisen, Mäggy? Kommen wir auch wirklich wieder nach Hause? Also ich finde es ja voll abgefahren und fühle mich wohl hier, aber meine Eltern machen sich sicher Sorgen, wenn ich zu lange wegbleibe», fragt Leon seine Margarethe ein Loch in den Bauch. Diese antwortet: «Null Problem, zuhause vergeht keine Sekunde, während wir in der Vergangenheit Tage oder gar Wochen verbringen. Das war bisher immer so. Wenn wir also zurückkehren, haben alle das Gefühl, wir seien gar nie weggewesen.» Damit ist Leon zumindest fürs Erste beruhigt.

Die beiden schlendern ein Stück auf einem Feldweg einher, bis ein Bauer mit einem Eselskarren daherkommt. Ihn versuchen sie auf Englisch auszufragen. Doch das Unterfangen scheitert, der Bauer versteht sie nicht. Die Teenager beschliessen, weiterzugehen und jemand anderen zu fragen. Bald gewahren sie einen Mönch, der vermutlich einem Auftrag ausserhalb seines Klosters nachgeht. Ihn fragen sie, und siehe da, der Gottesmann ist sehr gelehrt und kennt sich bestens aus: «Æthelred the Unready is our Anglo-Saxon King. We are in the Year 990 after Birth of Jesus Christ. My children, if you want to come with me to London, let's walk one more mile.» – Mäggy und Leon fassen Vertrauen in den Mönch und folgen ihm bereitwillig.

«Wir sollten einen Bader suchen», flüstert Leon zu Margarethe, während sie dem Mönch folgen. Sie antwortet geistesabwesend: «Nein, baden muss ich noch nicht. Ich rieche doch noch nicht muffig, oder?» Sie errötet. Leon grinst und erklärt es ihr: «Bader waren zu dieser Zeit die Ärzte. Wenn also einer dieses Antibiotikum-Rezept kennt, dann ein…» – «Sorry, klar! Bader», unterbricht ihn Margarethe und wird rot. Ihr Herz klopft wie wild in ihrer Brust, denn ihr Schwarm geht neben ihr einher, und sie fühlt sich so geborgen wie schon lange nicht mehr – obwohl sie und ihre Freunde ziemlich in der Klemme stecken – doch Margarethe ahnt, dass die Probleme erst angefangen haben…

Endlich stehen sie vor den Stadttoren von London, doch das Mädchen ist schwer enttäuscht, die Skyline ist komplett anders – kein Big Ben, kein Tower, keine imposante London Bridge – nix, niente, nothing… na ja, zumindest scheint die Stadt damals ihre Herkunft noch nicht zu verleugnen, denn sie wirkt wie ein umfunktioniertes römisches Kastell – und das war Lundenburgh auch, wie die Angelsachsen dieses Städtchen damals nannten. Stadtmauer und Verteidigungsgraben haben die neuen Herren von London rundumsaniert und sogar bereits eine erste Brücke über die Themse gebaut – allerdings kein besonders imposantes Bauwerk.

«Ich glaube, wir sind so früh dran, dass wir ein London vor uns haben, das einfach nur ein aufstrebendes Städtchen ist», kommentiert Leon Margarethes Gedanken, als hätte er sie erraten. «Londinium hiess es früher bei den Römern», weiss sie, «und wegen der Römer liegt die Stadt auch an einem Fluss. Denn sie brachten ihre Schiffe so weit wie möglich die Mündung hoch und entluden sie an einem Punkt, von welchem aus die Waren gut über das Land verteilt werden konnten.» – «Stimmt», quittiert Leon sinnierend. «Früher war hier Moorland, sogenannte *marshlands*. Und es sieht immer noch ziemlich sumpfig aus.»

Der Mönch hilft den beiden noch, durch ein Stadttor in die Stadt zu gelangen. Als sich der Mönch mit einer segnenden Handbewegung von den Teenagern verabschiedet, stehen sie wie verirrte Schafe in einer schmutzigen Gasse und besprechen völlig ratlos, was sie nun tun sollen. «Bader stehen meist mit ihrem Pferdewagen auf einem Platz und bieten ihre Dienste an», kommt es Leon in den Sinn. «Genau!», ruft Margarethe erfreut auf und schnipst mit dem Finger, wie es de Wikingerjunge Wackie in den Zeichentrickfilmen zu tun pflegt.

Die beiden Teenager klappern die halbe Stadt ab nach einem Platz, wo ein Bader seinen Wagen stehen haben könnte. Sie sind stundenlang erfolglos, obendrein bekommen sie mächtig Hunger und Durst. In ein Wirtshaus treten sie ein, setzen sich an einen wuchtigen Holztisch und bitten den Wirt um Essen und Trinken. Dieser blickt die beiden misstrauisch an, bringt aber etwas Brot, Trockenfleisch, gedörrte Birnen und einen Krug mit einem bierähnlichen Gebräu. Leon ist begeistert: «Tolles Gesöff!» Er kann kaum genug davon kriegen. Margarethe indes findet es nicht besonders berauschend – also, eigentlich berauschend nur im alkoholischen Sinne. Das Brot schmeckt frisch, das Fleisch und die Birnen allerdings eher abgestanden.

Als Leon einen weiteren Bierkrug bestellt, will der Wirt zuerst Geld sehen. Da wird es Margarethe mulmig zumute. Leon dagegen grinst, wirkt ziemlich erheitert vom Getränk, und holt Münzen heraus: «Da sind Euro und Schweizer Franken, mehr als das Zeug hier wert ist. Take it or leave it! It's money from where we come from…», lallt er. Des Wirtes Blick verfinstert sich, und Margarethe flüstert Leon ins Ohr: «Der ist sicher ein Brexit-Anhänger, der will keine Euro sehen…» Leon lacht laut auf und rülpst. Verärgert dreht sich der Wirt auf dem Absatz um und verschwindet nach draussen.

Als er zurückkommt hat er zwei Bewaffnete im Schlepptau. Diese schreiten zum Tisch der Teenager und befehlen: «In the name of His Majesty the King, your names!» – Margarethe und Leon schlucken leer, da antwortet Leon geistesgegenwärtig: «This is Margret Ravenheart, I'm Leo Lionheart!»

9
Gefangen

«Hat ja super funktioniert», grummelt Margarethe, während sie unsanft von ihrem Verhaftungskomitee vorwärts geschubst wird – «Sorry, war wohl doch keine gute Idee – weder das mit den Münzen noch mit den Fantasienamen… obwohl, hätte ja sein können, dass sie es schlucken. A propos schlucken, wenigstens haben wir volle Bäuche.» – «Ja, aber im besten Fall müssen wir's abarbeiten, beim Tellerwaschen oder so, im dümmsten Fall…» – «Ja, an den will ich auch nicht denken… Dieben wurde früher die Hand abgehackt…», sinniert Leon und erschaudert, bleibt stehen und erntet einen Tritt an sein Hinterteil: «Aua!» Er schwankt ein wenig, immer noch berauscht von dem ungewohnten Gebräu aus dem frühen Mittelalter. Margarethe beeilt sich, weiterzugehen, um nicht auch noch getreten zu werden. «Und wer weiss, wie lange Rudy es noch aushält. Er hat die Pest, und Seraina vielleicht auch. Und wer weiss, ob nicht doch einer der Flöhe auch mich erwischt hat…», steigert sich Margarethe von einem Katastrophenszenario ins nächste.

Die Bewaffneten bringen die beiden Teenager, die mit einfachen Hanfseilen gefesselt sind, zu einer Art Amtsgericht. Der edle Herr Richter begrüsst sie nicht, sondern beginnt gleich mit dem Verhör. Leon, der seinen Lapsus ausbügeln möchte, antwortet: «Sir, we are here to learn to heal.» Er möchte sich erkundigen, ob Bader in der Stadt seien und wo man sie findet, kriegt jedoch sein Englisch nicht auf die Reihe und verstrickt sich in einem unverständlichen Lallen. «Mann ist der besoffen!», denkt Margarethe und ist froh, dem Getränk nicht gleichermassen zugesprochen zu haben wie ihr Freund. An diesem Tag kann er keine Zuhörer überzeugen. Der Richter und die Umstehenden blicken ihn nur verwundert und verärgert an. Will dieser seltsame Schelm sie etwa verspotten? Als das Wort «dungeons» aus des Richters Mund fällt, schlucken die beiden Teenager leer – und sie fürchten zu Recht, dass es dabei nichts mit einer gleichnamigen Touristenattraktion der Neuzeit auf sich hat.

* * *

«Jetzt haben wir den Salat!», denkt Margarethe zerknirscht. Sie könnte sich ohrfeigen für ihre Gedankenspinnereien, die sie damals in der Bibliothek hatte. Von wegen, es wäre doch noch prickelnd, mit Leon zusammen zufällig irgendwo eingesperrt zu sein. Im Augenblick verspürt sie Gänsehaut, weil ihr das Grauen in alle Glieder kriecht. Die beiden Teenager sitzen in einem feuchten Loch, das nach fauligem Wasser und schimmligen Mauern riecht, und draussen ist Plätschern hörbar und Wellengang der Themse. Das Mädchen lässt ihren Blick durch das Verlies schweifen, und was sie sieht, ist nicht ermutigend: Der dunkle, schmutzige Raum hat nur ein winziges Fenster, weit oben, das mit einem dicken Gitter gesichert ist, und die schwere beschlagene Eisentüre hat nicht einmal ein Guckloch. Von den verschimmelten Wänden tropft Wasser wie von Stalaktiten. Ob der Boden aus Stein oder Lehm besteht, ist nicht klar erkennbar, denn er ist teilweise mit feuchtem, verfaultem Stroh bedeckt. Es ist kalt und zugig in dem Kerker.

Die Gefangene seufzt und getraut sich fast nicht, ihren Mitgefangenen anzusehen, weil sie sich schuldig fühlt: «Ich habe ihn hier hineingeritten, es ist alles meine Schuld!» Sie könnte heulen. Leon sitzt mit gesenktem Kopf an die Wand gelehnt, so dass seine wuschelige Löwenmähne, die noch wilder ist als üblich, sein halbes Gesicht bedeckt. Als würde er merken, dass Margarethe ihn betrachtet, hebt er seinen Kopf, und wider Erwarten blicken seine strahlenden Augen verschmitzt unter seinen blonden Locken hervor. «Schöner Schlamassel, was?», bemerkt er mit ironischem Grinsen. «Ich dachte für einen Moment, das sei nur ein verrückter Traum!» – «Leider nicht», seufzt seine Leidensgenossin. «Wir sind Gefangene, und wir stecken ziemlich tief in der Patsche!» – «Hätten wir uns eigentlich denken können, wir schlauen Geschichtsforscher!» – «Was meinst du? Dass wir verdächtig wirken?» – «Ja, wo wir doch über Sündenböcke und Verfolgungen gelesen haben: Leute, die sich anders verhielten als die Normalos, und verdächtigt wurden, Krankheiten zu verbreiten. Jetzt sehen wir mal, was denen blüht.» – «Das wissen wir ja eben nicht, was uns blüht», gibt sie zu bedenken. – «Doch, ich kann es mir so ziemlich genau vorstellen. Sie werden kurzen Prozess mit uns machen und uns hinrichten.» – «Waah!», schreit die Gefangene. «Ich möchte aber nicht sterben!» Für sich denkt Margarethe: Nicht einmal zusammen mit dir, da hört mein Sinn für Romantik auf.

Als hätte er ihre Gedanken gehört, lacht er auf: «Ja, nicht wahr, ich hatte mir unsre nächste Begegnung auch etwas romantischer vorgestellt!» Margarethe spürt, wie sie errötet, kann es aber nicht lassen, nachzufragen: «Und wie hast du sie dir denn vorgestellt?» – «Muss man alles mit Worten erklären?», entgegnet Leon belustigt, und das Mädchen spürt, wie ihr Kopf noch heisser wird. Sie ist ganz blockiert, mit sich selber im Widerstreit, ob sie an Ort und Stelle verharren soll oder näher zu ihm rutschen und sehen möchte, was passiert. Für einen Augenblick bedauert sie es, nicht angekettet zu sein, weil sie dann wenigstens keine Entscheidung treffen müsste! Was für ein abstruser Gedanke, tadelt sie sich selber.

Leon scheint sie zu durchschauen, ihre Gedanken zu lesen. «Gut, haben sie uns nicht gefesselt, so können wir uns wenigstens näher zusammenkuscheln, wenn wir frieren! Aber ich will dich nicht belästigen, gell! Ich habe ausserdem ziemliche Kopfschmerzen.» – «Kein Wunder, wenn du dir mit dem Gebräu die Lampe füllst!», entgegnet sie kopfschüttelnd und mit einem schiefen Grinsen. In dem ganzen Kerkerelend in diesem feuchten Loch verspürt Margarethe wenig romantische Gedanken und würde sich am liebsten einfach zu einer Kugel rollen oder in einer Grube im Boden verkriechen. Das Gefühl, für Leons Schicksal mitverantwortlich zu sein, gar seinen Tod mit zu verursachen, bereitet ihr Bauchschmerzen. Sie fühlt sich hundeelend.

Auch dies scheint er alles mitbekommen zu haben. «Du musst dich nicht schuldig fühlen; ich hatte schliesslich selbst beschlossen, zu kommen!» – «Aber doch nur, weil ich in einem Moment der Panik an dich gedacht habe! Gerade als mich Millionen von Flöhen attackierten, löste Plonk den Zauber aus, der uns und dich hierhergebracht hat. Und weil wir diese Schnapsidee hatten mit der Zeitreise, um die Medizin zu holen!» – «Nein, weil ich bei dir sein wollte! Und auch gern ein Abenteuer erlebe! Das ist immerhin meine erste Zeitreise!» Dann errötet er seinerseits, weil er seine Zuneigung so direkt bekundet hat.

Die beiden sitzen sich gegenüber und wissen nicht, wie sie sich verhalten sollen. Einerseits würde ihm Margarethe gerne um den Hals fallen, andererseits ist ihr die ganze Sache unangenehm, und sie fühlt sich auch nicht wohl in ihrer Haut. Dann aber obsiegt ihr Galgenhumor: «Du hast dir also gewünscht, ein paar Jahrhunderte zurückzureisen, um in einem feuchten, stinkenden Kellerverlies zu hocken, ohne Toilette und fliessendes Wasser?» – «Korrektur: Wir haben fliessendes Wasser!», wirft er ein. – «Witzbold! Und mit der Aussicht, um einen Kopf kürzer gemacht zu werden!» – «Moment mal, das mit dem Kopf wissen wir noch nicht. Ich habe da noch zu wenig recherchiert, wie im Jahr 990 nach Christus hingerichtet wird – ob am Galgen oder mit Scharfrichter, der den Kopf abhaut. Oder ob die wütende Meute uns mit Steinen bewirft, bis wir tot umfallen.» Margarethe sieht ihn mit grossen Augen an und murmelt: «Ich dachte immer, ich sei diejenige mit der blühenden Fantasie!» – «Was heisst Fantasie? Das ist alles wirklich passiert.» – «Ich weiss. Ich habe einiges davon am eigenen Leib erlebt.» – «Das musst du mir aber genauer erzählen!», fordert er sie neugierig auf. So berichtet ihm Margarethe von ihren überstandenen Abenteuern in anderen Zeiten und Ländern, angefangen von ihrer allerersten Zeitreise, bei welcher sie als renitente Klosterfrau beinahe auf dem Scheiterhaufen verbrannt wurde wie eine Hexe, bis zum Kerker von Glanzenberg, in welchem sie mit Seraina und Rudy voller Angst ausharren musste, bis Plonk sie retten kam. Fasziniert hört Leon ihr zu, dann lächelt er: «Alle Achtung, du bist ja eine richtige Action-Heldin!» Sie senkt verlegen ihren Blick: «Du glaubst sicher, ich sei eine Angeberin und Aufschneiderin!» – «Nein, die Geschichte ist zu verrückt; ich glaube dir deshalb alles! Und mein Fazit lautet: Der Rabe mit Schwert wird kommen und uns retten! Das hat er doch immer getan, wenn ich dich richtig verstanden habe. Also wird er es auch diesmal tun, nicht wahr, Mäggy, du glaubst doch auch daran?»

Margarethe seufzt, gerne wäre sie sich der Sache so sicher wie Leon. Aber vermutlich ist er guten Mutes, weil er einfach noch nicht erlebt hat, wie beklemmend ein solches Abenteuer sein kann und wie knapp es manchmal ausgeht. Margarethe überlegt krampfhaft, ob sie jetzt einfach näher zu Leon rücken soll, oder ob er das als aufdringlich empfinden würde. Plötzlich durchfährt ein stechender Schmerz ihr Bein: «Auuuaaa!!!» Der Junge springt auf und eilt zu ihr: «Was ist los? Hast du Schmerzen, Mäggy?» – «Etwas hat mich gebissen! Schau, eine Ratte!», kreischt sie entsetzt, als sie einen kleinen Schatten hinweghuschen sieht. – «Oje, hoffentlich hat sie keine Tollwut – oder Pestflöhe!» Leon sieht äusserst besorgt aus, als er sich über Margarethes verletztes Bein beugt. «Wo hat sie dich gebissen?» – «An der Wade», erklärt das Mädchen und zieht das rechte Hosenbein hoch, erleichtert, dass der Biss nicht am Oberschenkel ist: Sonst müsste sie ihre Hose ausziehen, was ihr vor Leon peinlich wäre.

«Das tut ziemlich weh! Au, nicht so fest drücken!» – «Ich möchte, dass die Wunde blutet, damit sie sich nicht entzündet», erklärt er. «Desinfektionsmittel haben wir leider nicht dabei; das wäre jetzt doppelt praktisch.» – «Ich hatte in meinem Rucksack ein Fläschchen, aber den haben sie mir weggenommen. So ein Mist!», regt sie sich auf. – «Das Wasser in der Kanne ist zwar nicht besonders frisch, aber ausspülen ist besser, als gar nichts tun», überlegt Leon und leert Wasser über das verletzte Bein. «Die Wunde sieht nicht schlimm aus, aber wer weiss, wo diese Ratte schon überall war?» Margarethe wird es angst und bange. Leon legt seinen linken Arm um ihre Schultern und zieht sie an sich, um sie zu trösten, und sie spürt Geborgenheit, die ihr gut tut. Eine Weile sitzen sie da, dann wird Leon unruhig. «Wir müssen hier raus, irgendwie!» – «Ja, ganz deiner Meinung, aber wie wollen wir das anstellen?» Ratlos blicken sie im Verlies umher.

Nach endlos lang erscheinender Zeit wird die Tür entriegelt, und sie wird einen Spalt geöffnet. Hinein blicken zwei mit kurzen, klobigen Schwertern bewaffnete Aufseher und schieben den Gefangenen eine Art Fressnapf hin, zudem stellen sie eine neue Kanne mit Wasser neben die Türe, welche sie mit ein paar unverständlichen Worten wieder schliessen. Verdutzt blicken die Teenager auf die Türe, welche hörbar verriegelt wird, dann stürzen sie sich auf den Fressnapf und das frische Wasser, welches allerdings genauso abgestanden schmeckt wie das andere. «Was ist das für ein undefinierbarer Frass?», spuckt Margarethe angeekelt. – «Frage nicht, iss lieber!» – «Und wenn das vergammelt ist und wir uns vergiften?» – «Kann es denn schlimmer kommen?»

Obwohl es nicht gut schmeckt, essen sie alles auf, weil sie so hungrig sind. Dann steht Leon auf, um wie ein Tiger in der Zelle hin- und herzulaufen. «Ich muss mich bewegen, ich halte diese Untätigkeit nicht aus!», brummt er und fängt plötzlich an, Liegestützen zu machen. «Ich… mach… das… nicht, um dich… zu… beeindrucken!», keucht er eine Erklärung, und Margarethe kichert: «Ich bin aber beeindruckt… von deinen Muskeln!» Hoppla! Hat sie das jetzt wirklich gesagt? Ihr Gedanke war ihr aus dem Mund gerutscht, bevor sie darüber nachdenken konnte, und das ist ihr sogleich peinlich. Allerdings findet sie Leons Muskeln, die sich unter seinem T-Shirt klar abzeichnen, wirklich eindrücklich.

Nanu, seit wann stehe ich denn auf Muskelprotze, wundert sie sich bei sich. Er ist schlank, fast schon dünn, aber offensichtlich kräftig, was ihr gefällt. «Ich muss mich auch bewegen, aber ich kann Liegestützen überhaupt nicht», erklärt sie entschuldigend. – «Ach was, das kann jeder lernen, ist nur eine Frage der Technik – komm, ich zeig's dir!», fordert er sie auf. «Vorausgesetzt, dein Bein macht das mit!» – «Ja, das geht schon, und das lenkt ab.» So versucht sie es, stemmt sich auf ihre Arme und versucht, ihren Rücken nicht durchhängen zu lassen, findet aber, sie stelle sich äusserst ungeschickt an. Leon aber ermutigt sie: «Super, weiter so!»

Sie gerät ziemlich schnell ins Schwitzen und zieht ihren Kapuzenpulli aus, weil ihr die Kapuze immer über den Hinterkopf nach vorne rutscht beim Turnen. Der Junge spornt sie an: «Du machst das gut. Deine Armmuskeln sind aber auch nicht von Pappe; man merkt, dass du der sportliche Typ bist!» Das Kompliment tut Margarethe gut und motiviert sie zum Weitermachen. «Wie die Knastis», keucht sie, «die machen doch auch ständig Klimmzüge, damit sie fit bleiben.» – «Ja, bei Kräften bleiben ist essentiell!» Die Bewegung ist ausserdem befreiend, obwohl sie eingesperrt sind, aber wenigstens können sie sich innerhalb der Mauern frei bewegen. So turnen sie eine Weile, bis sie erschöpft liegenbleiben und in Gelächter ausbrechen. Margarethe kann gar nicht mehr aufhören, wird fast hysterisch.

«Das ist nur das Adrenalin», beruhigt Leon sie und muss selber wieder lachen. Er liegt nahe neben ihr, auf der Seite, und stützt sich auf einen Ellenbogen. So nahe ist er… sie müsste sich nur zu ihm drehen, und dann… aber sie ist nach dem Training nur noch müde. Die beiden plaudern noch ein bisschen, bis ihre Zungen schwer werden, dann versuchen sie, halb im Sitzen zu schlafen – weil der Boden zu schmutzig ist. Mittlerweile haben sie ihr Zeitgefühl komplett verloren.

Für die unruhig Schlafenden fühlt es sich an wie mitten in der Nacht, als die Türe unter grossem Lärm aufgerissen wird und mehrere Bewaffnete in die Zelle stürmen. Ehe die Gefangenen wissen, was ihnen geschieht, werden sie mit Ketten gefesselt. Margarethe brüllt wie ein Tier, das eingefangen wird: «Neeeiii-in!!!» Sie und Leon sträuben sich erfolglos gegen die Übermacht und finden sich dann Rücken an Rücken aneinandergekettet.

Was Margarethe in ihren Gedankenspielereien noch irgendwie reizvoll vorgekommen war, ist in der Realität einfach nur schrecklich. Zwar ist sie Leon nahe wie nie zuvor, aber ihre Freiheit ist ferner denn je! Sie spürt seinen muskulösen Rücken, seine Arme, seine Anspannung, seine verzweifelten Versuche, die Ketten zu lockern. In dem Lärm, den ihre Wärter verursachen, versteht sie nicht, was vorgeht. Ein Mann brüllt Anweisungen, dann gehen die anderen wieder aus der Zelle, und die Türe schliesst sich. «Neeeiiinn!», schreit das Mädchen, und Leon zerrt wütend an den Ketten.

«Musste das denn sein?», heult sie verzweifelt. – «Ich wüsste echt gern, was die mit uns vorhaben», sinniert Leon. «Ich vermute, die bringen uns zur Hinrichtung oder verlegen uns in einen anderen Knast. Sonst würde es keinen Sinn ergeben, dass sie uns erst jetzt gefesselt haben.»

10
Türmen will gelernt sein

Im Ungewissen bleiben die beiden Teenager nicht lange. Wenig später schon holt man die beiden. Gefesselt werden sie – mehr gestossen und gezogen – aus dem Kerker gebracht und auf einen Karren geladen. Die Ketten schneiden schmerzhaft in ihre Handgelenke, und Margarethe stöhnt auf. «Hornochse!», ruft Leon aus, da entgegnet seine Leidensgenossin: «Nein, ein Esel zieht den Karren.» – Leon grinst: «Nein, ich meinte, ich bin ein Hornochse! Ich habe eine Idee, wie wir da rauskommen.» – «Musstest du warten, bis wir eine Houdini-Zaubernummer abziehen müssen, statt einfach aus einem Dreckloch zu kriechen?» – «Vertraue mir!», redet Leon auf sie ein. Doch Margarethe ist nicht gerade überzeugt davon, das Leon auch nur irgendwas hinkriegt in dieser Situation.

«IIIII-AAAAAA!!!», schreit plötzlich Leon, «IIIII-AAAA!!!!» – Der Esel beginnt zu bocken und macht an Ort und Stelle Sprünge wie eine Gämse. Der ganze Karren bebt und ächzt. Die beiden gefesselten Teenager rutschen immer mehr zum Karrenende, wo eine Wache sich mehr schlecht als recht festhalten kann. Und dann, plötzlich galoppiert der Esel davon wie von der Tarantel gestochen. Da plumpsen die Wachen und die Gefesselten zugleich vom Karren runter… «Autsch!», schreit Margarethe, während Leon der Wache den linken Fuss in die Brust rammt. Der Schlag verschlägt dem Soldaten den Atem, und er fällt ohnmächtig auf den Boden. Leon beugt sich nach vorne, so dass er Margarethe wie einen Rucksack auf dem Buckel trägt. In dieser unbequemen Position rennt er los, bis er ein ruhiges Plätzchen findet, um Margarethe auf die Beine zu stellen.

«Oh Mann!», stöhnt sie. «Das war ja ein wilder Ritt! Mir tut alles weh!» – «Ich bin wohl auch kein idealer Lastesel!», entschuldigt sich Leon. «Und der lehmige Boden eignet sich nicht so gut zum Rennen.»

Die Geflüchteten haben sich in einer menschenleeren Ecke der Stadt verkrochen. Vermutlich sind es Vorratslager, die hier in Holzbaracken untergebracht sind. Hier fühlen sie sich sicher vor ihren Verfolgern und den Blicken allfälliger Passanten, die sie an die Behörden denunzieren könnten.

«Wow, Leon!», keucht Margarethe, die zwar keine Anstrengungen hinter sich hat, aber dennoch ausser Atem ist, «Sprichst du Eselisch?» – «Zumindest ist es hier so wie in unserer Welt: die Tiere verstehen mich besser als die Menschen», erklärt es Leon, und Margarethe entgegnet: «… geht mir meistens auch so.» Im diesem Moment würde sie Leon gerne in die Augen schauen, denn sie merkt jetzt, woher diese Anziehung kommt: Sie sind Seelenverwandte.

Doch Leon hat noch nicht ausgespielt. Jetzt zückt er ein Mehrzwecktaschenmesser und stellt sich äusserst geschickt an, denn es ist nicht einfach, mit einem scharfen Messer zu hantieren, wenn man nur die Finger und das Handgelenk bewegen kann. Plötzlich ertönt ein metallenes Klicken, das eine Schloss, das die Ketten verbindet, hat sich geöffnet, Leons rechte Hand ist frei. Nun macht er sich an den anderen Fesseln zu schaffen und knackt sie eine nach der andern. Ganz zum Schluss ist auch Margarethe frei. «Gutes Timing, ich muss mal für kleine Mädchen…», druckst sie herum und verschwindet hinter einem Bottich. Leon grinst und sucht sich auch einen geeigneten Ort für sein Bedürfnis.

* * *

Jetzt gilt es, endlich den Bader zu finden, bevor die Nacht hereinbricht. Doch bevor die beiden sich ins Getümmel der Marktplätze stürzen, hat Leon eine Idee, von der Margarethe alles andere als begeistert ist: ihre Haare schneiden. «Die erkennen uns sonst, aber mit einer Kurzhaarfrisur sind wir andere Leute. Hey, Mäggy, das wächst nach! Ausserdem mache ich das auch nicht gerne. Ich bin zwar nicht so der Beauty-Typ, eher the Beast, aber wenn's an meine Löwenmähne geht kann ich ganz schön eitel sein.» Mit diesen Worten packt er eine seiner schönen Strähnen und schneidet sie ab. – «Neiin!», fleht Margarethe. «Bitte nicht!» – «Es muss sein!» – «Warte, das muss doch einigermassen ordentlich aussehen, sonst denken sie noch, wir seien aus dem Irrenhaus entflohen oder entlaufene Leibeigene oder irgendsowas!» – «Hm, du könntest Recht haben. Die Knastis haben geschorene Köpfe. Das fällt wirklich auf.» – «Wenn sie uns schon nicht im Kerker geschoren haben, müssen wir uns jetzt ja nicht selber verunstalten!», argumentiert das Mädchen. «Und selbst wenn Haare wieder nachwachsen, so haben wir unterdessen ein Problem, wenn wir aussehen wie gerupfte Hühner!» – «Das ist allerdings wahr; ankleben geht dann nicht mehr.» Resolut nimmt Margarethe ihm das Messer aus der Hand: «Lass mich das machen, bevor du nur noch ein Stoppelfeld auf dem Schädel trägst!» Wäre ja ausserdem jammerschade, denkt sie bei sich. So schneidet sie schweren Herzens Leons Locken ab mit seinem Sackmesser, bemüht, die Haarpracht nicht zu kurz zu schneiden. Als sie selber an der Reihe ist, ist ihr zum Heulen zumute. Leon nimmt sie in den Arm: «Nicht weinen, Liebes; ich verspreche dir, dass ich einen hübschen Jungen aus dir mache!» Sie knufft ihn unsanft in den Oberarm, während er sie festzuhalten versucht und gleichzeitig ihre langen Haare schneidet. «Glaub mir, es tut mir im Herzen weh!», gesteht er, als ihr die Tränen die Wangen hinunterlaufen. Noch nie in ihrem Leben hatte sie kurze Haare. Als er mit ihr fertig ist, dreht er sie an der Schulter herum und betrachtet sie versonnen: «Steht dir aber echt gut, so ein Kurzhaarschnitt – so richtig zum Verlieben!» Als Margarethe die Überreste des wüsten Haargemetzels am Boden sieht, fühlt sie sich noch erbärmlicher als im Kerker. Sie schluchzt auf: «Du willst mich ja nur trösten! Ich möchte es gar nicht sehen!» – «Hm, ich habe keinen Spiegel, aber vielleicht kannst du dein Ebenbild im Wasser erkennen, in dieser Tonne hier.» Zögernd tritt das Mädchen zum improvisierten Spiegel und blickt hinein. Ein Junge mit kinnlangem Haar blickt ihr entgegen, die Frontpartie halb ins Gesicht hängend. Überrascht stellt Margarethe fest, dass es wirklich nicht so schlecht aussieht wie erwartet. Auch Leon stehen die kürzeren Haare gut; seine schönen Augen sind viel besser zu sehen, und sein Gesicht wirkt viel zarter, als wenn es von seiner Mähne fast zugedeckt wird. «Du siehst aus wie ein Hobbitt!», schmunzelt Margarethe. Er sieht einfach… zum Verlieben aus! Das findet er offenbar auch, wie sie seinem Blick entnimmt. «Mäggy... du gefällst mir!»

Beide schauen sich an, als sie plötzlich in ein befreiendes Gelächter ausbrechen. Leon umarmt Margarethe – elektrisiert umschlingt sie seine Taille. Leon küsst sie zuerst auf die Stirn, dann auf den Mund, und raunt: «Margret Ravenheart, I love you!»

* * *

Als sie endlich einen Bader finden, der sich mit Wagen, Hund und Pferd neben einem der Brunnen der Stadt niedergelassen hat, ist die Nacht bereits hereingebrochen. Der Heiler packt gerade seine Sachen in den Wagen, er scheint drauf und dran zu sein, die Stadt zu verlassen – allerhöchste Eisenbahn für die Teenager, ihn um das Antibiotikum zu fragen. Sein seltsamer Hund – eine langhaarige Mischung aus Lassie, Hund von Baskerville und Panda – scheint dafür geboren zu sein, den Wagen zu bewachen.

Jedenfalls ist er sogar Leon nicht ganz geheuer, denn die feurigen Hundeaugen wirken wie jene des Höllenhundes Cerberus.

Dennoch fasst der Junge sich ein Herz. «Guten Abend, wir möchten in Eure Dienste treten und Bader werden», spricht er den Heiler an. Dieser grummelt etwas in seinen Bart und räumt weiter Utensilien in seinen Wagen: grosse Zangen, Messer, Flaschen verschiedener Grössen, Tücher und… Stricke. Margarethe schluckt leer, hegt sie doch Vermutungen, wozu er diese braucht: Wohl wegen fehlender Anästhesie benötigt er etwas, um seine Patienten bei der Behandlung ruhig zu stellen.

Misstrauisch beäugt er die beiden Jugendlichen und winkt ab: «Brauche keine Lehrlinge, kann mich kaum selber ernähren…» – Nur mit Mühe können sie sich auf Englisch verständigen, denn jenes Englisch, das der Bader spricht, enthält höchst seltsame Wörter und wird oft anders ausgesprochen. Mit einer abfälligen Handbewegung zeigt er den Teenagern deutlich, dass er nichts mit ihnen zu tun haben will.

Margarethe kommen die Tränen, sie ist erschöpft und mit den Nerven am Ende. Leon bemerkt das und versucht es noch einmal – diesmal, indem er anfängt zu winseln und sich zum Hund des Baders bückt. Dieser stellt den Kopf schräg, und seine funkelnden Augen verlieren die anfängliche Aggressivität. Leon geht in die Hocke und streichelt den Vierbeiner. Der Bader schaut überrascht aus der Wäsche und lässt das Einräumen sein, erstaunt, wie zutraulich sein vierbeiniger Gefährte auf den Fremden reagiert. Es sieht aus, als kommunizierten Junge und Hund in einer geheimen Körpersprache. «Leon ist ein Tierflüsterer, vorher der Esel, jetzt der Hund», geht es Margarethe durch den Kopf.

Nun tritt der Heiler zu Leon und fragt: «Was könnt ihr mir denn bieten, was könnt ihr schon?» – Margarethe antwortet geistesgegenwärtig, aber in einem sehr umständlichen Englisch, dafür zeigt sie auf die betreffenden Organe: «Wir wissen, wie man die

Seitenkrankheit heilt und wie Blinde wieder sehen können!» – Leon ist völlig perplex über eine so geniale wie gewagte Aussage. Margarethe flüstert Leon aus dem Mundwinkel zu: «Das hab ich aus einem Film.» – Leon grinst und macht eine drehende Handbewegung, die Margarethe so versteht, dass sie weitermachen soll. So erklärt sie dem Bader, was es mit der Blinddarmentzündung auf sich hat und wie man den grauen Star beseitigt, der die Leute erblinden lässt. Mit offenem Mund hört der Bader zu, er hat tatsächlich verstanden, worum es geht, dann meint er: «Alle Achtung, du scheinst wirklich etwas zu wissen! Ich bin Baldwin, für meine Freunde kurz Bald.» – «Das ist er, der von Bald's Leechbook», flüstert Margarethe und stupst Leon in die Seite. – «Was für ein Leichenbuch?», entgegnete Leon verdutzt. – «Na ja, das Buch, wo das Rezept für's Antibiotikum drin geschrieben ist.» Leons Augen leuchten beim Wort Antibiotikum.

Der Bader fährt auf Englisch fort und erklärt seine Herkunft: «Eigentlich heisse ich Beatus und stamme aus Churrätien im Herzogtum Schwaben…» – Margarethe flüstert Leon ins Ohr: «Hey, das ist ein Bündner. Raina wird sich freuen…» – Bald fährt unbeirrt fort: «Diesen Namen kennt man ausserhalb meiner Berge nicht. Meine Eltern gaben mir diesen Namen, weil sie hofften, dass ich genauso berühmt werde wie der gleichnamige Einsiedler… Aber die Einsiedelei ist nichts für mich, ich wollte raus in die Welt und Krankheiten heilen…» – «Der kann quasseln…», grummelt Leon, da sagt Bald: «Asseln, ja, die kann man auch essen…» – Margarethe und Leon blicken einander angeekelt an. Zudem läuft den beiden langsam die Zeit davon. Keiner der beiden weiss, wie lange ein Pestkranker durchhalten kann. Darum geht Margarethe aufs Ganze: «Bald! Bitte gebt uns Euer Rezept für's Antibiotikum, dann verrate ich Euch, wie man eine Narkosesubstanz herstellt.» – Bald schaut sie ziemlich verdattert an: «Antibobo, was? Nacktose?…» – Leon lacht laut auf: «Meine Freundin meint: das Mittel, das hilft, entzündete Wunden zu heilen. Für unsere kranken Freunde. Und Narkose ist nützlich, damit Leute einschlafen und keine Schmerzen mehr spüren.» – Bald wirkt total aus dem Häuschen, er scheint es kaum zu fassen, was er da hört: «Das wisst ihr tatsächlich? Lasst hören!» Dann fordert er sie auf: «Zuerst die Narko…» – Margarethe erklärt: «Nehmt Alkohol und fügt Schwefelsäure hinzu. Habt Ihr das? Daraus entsteht Diethylether, kurz Äther oder Ether genannt. Haltet das dem Patienten unter die Nase, er schläft dann ein und Ihr könnt Eure Arbeit tun, ohne dass er etwas davon merkt.» Insgeheim denkt sich Margarethe, dass es gut war, im Chemieunterricht bei der Sache zu sein.

«Hast du das auswendig gelernt?», fragt Leon Margarethe und nickt anerkennend; sie zuckt mit den Achseln und grinst verlegen. Margarethe hatte schon immer ein – wie Rudy es ausdrückt – PDF-Gedächtnis. Sie kann sich Informationen gut merken, nur fällt es ihr manchmal schwer, das vorhandene Wissen zu verknüpfen. In dieser Disziplin ist Rudy unschlagbar.

Bald kratzt sich am Bart. Er will sich erst überzeugen lassen, wenn er die Wirkung von Ether gesehen hat. So holt er die besagten Mittelchen zur Ether-Herstellung aus seinem Wagen. Als er wieder vor den Teenagern steht, bückt er sich, um ein mit Alkohol angeschriebenes Fläschchen mit der rechten Hand auf den Boden zu stellen und es dann zu öffnen, indem er den Glasstöpsel abhebt. Dann nimmt er ein anderes Fläschchen aus seiner linken Hand und öffnet es ebenfalls – aber sehr vorsichtig, denn es enthält wohl die Schwefelsäure. Er kniet sich gerade so weit weg vom Alkohol-Fläschchen nieder, dass er knapp noch mit der rechten Hand etwas Schwefelsäure zum Alkohol giessen kann. Kaum hat er die beiden Substanzen zusammengeschüttet, zischt es gewaltig. Bald, sein Hund und auch die beiden Teenager schrecken zurück. Der Bader verschliesst das Fläschchen, das er in der Hand hält und noch einen Rest von Schwefelsäure enthält. Etwas ratlos wartet das Grüppchen einige Sekunden, und alle starren dabei unentwegt auf das Fläschchen am Boden, in dem die chemische Reaktion stattgefunden hat.

Die Substanz, die sich im ehemaligen Alkohol-Fläschchen gebildet hat, ist immer noch hell und klar. Bald nimmt das Fläschchen sorgfältig vom Boden und setzt es seinem Hund vor die Nase, und siehe da, das Tier schlummert nach kurzer Zeit friedlich ein und schnarcht genüsslich vor sich hin. Bald verschliesst das Fläschchen sorgsam und trägt es wie einen Schatz in seinen Wagen. Heraus kommt er mit einer seiner Abschriften seines Antibiotikum-Rezepts und einem Gläschen mit einer zähflüssigen Salbe, die auch nicht auszulaufen droht, als Bald sie falsch herum Leon in die Hand drückt. Margarethe bekommt das Pergament, ihre Augen leuchten.

«Das ist noch besser als erwartet: Wir haben das Antibiotikum, mit dem wir Rudy heilen, und das Rezept, mit dem wir mehr davon herstellen können, sobald wir wieder in unserer Zeit sind», flüstert Margarethe Leon zu, der das Fläschchen in der Hand umdreht und betrachtet, als sei es aus reinem Gold.

* * *

So schnell ihre Füsse sie tragen, rennen die beiden Teenager zurück zum Stall, wo Seraina und Rudy auf sie warten. Sie verlaufen sich allerdings zuerst, weil im alten London, das noch nicht wirklich als Stadt bezeichnet werden kann, jegliche Orientierungspunkte fehlen. Einzig der Fluss ist derselbe, aber die Themse führt sie nicht zur Scheune. Als sie endlich voller Elan in die Scheune hereinstürmen und jubeln, als hätten sie eine Weltmeisterschaft gewonnen, erschrecken die Zurückgebliebenen heftig. Genauer gesagt, Seraina schreckt auf, während Rudy apathisch auf dem Stroh liegt und sich nicht regt.

«Wir haben das Rezept! Und das Mittel! Bald hat uns ein Fläschchen davon mitgegeben!», frohlockt Margarethe und nimmt Balds Fläschchen aus Leons Hand. – «Na, dann wird's bald?», röchelt Rudy. «Hat ja ewig gedauert!» – «Hier, Raina, reib Rudy damit ein oder lass es ihn schlucken, mir Wurscht, Hauptsache es wird vom Körper aufgenommen!», grinst Margarethe und streckt es Seraina entgegen. – «Meine Fresse, wie seht ihr denn aus?», entgegnet Seraina und verzieht das Gesicht, als sie die Flasche entgegennimmt und den Haarschnitt ihrer Freundin bemerkt. – Margarethe winkt ab: «Ach, wir mussten uns tarnen, aber das ist eine andere Geschichte, Leon war der Frisör…» – «…und ein ziemlich talentfreier, das gebe ich zu», gesteht Leon mit einem Grinsen und wird dann wieder nachdenklich: «Wie geht es euch?» Besorgt betrachten die beiden Neufrisierten ihre Freunde. Mittlerweile haben sich auf Serainas Haut richtige schwarze Flecken gebildet, die eindeutig nicht von der Kohle stammen. Ihre Gesichtsfarbe ist ungesund bleich. «Hast du auch die Pest, Raina?», bemerkt Margarethe erschreckt, «Nimm auch von der Medizin!»

Rudy sieht aschfahl aus. Fieberhaft machen sich Margarethe und Leon daran, die beiden Kranken einzureiben – naheliegenderweise hilft das Mädchen ihrer Freundin, und der Junge kümmert sich um Rudy. Plötzlich jedoch drängt Seraina Leon zur Seite: «Lass mich das tun! Bitte!» Liebevoll beugt sie sich über Rudys Gesicht und fängt an, ihm die zähe Flüssigkeit einzuflössen. Als er anfängt zu würgen und zu spucken, leert sie sich von dem Heilmittel auf die Hand und streicht es zärtlich auf sein Gesicht, auf seinen Hals und seine Brust. Rudy stöhnt. Seraina schwankt, von Schwindel ergriffen, und die beiden anderen fassen sie sanft an den Schultern und helfen ihr, sich hinzulegen.

Vom Bader haben Margarethe und Leon auch etwas zu essen erhalten. Jetzt, wo die Pestkranken verarztet sind und schlafen, verzehren die Retter ihren Anteil und lassen den Rest für Seraina und Rudy übrig, die – wenn sie genesen sind – wohl einen Bärenhunger verspüren werden. Leon rät Margarethe, sie solle sich vorsichtshalber auch mit dem Antidot einreiben, und er muss sich schwer zusammennehmen, nicht selber Hand anzulegen. Sie hätte das auch gar nicht gewollt: Vor Seraina und Rudys Augen wäre ihr das peinlich gewesen.

Während der Nacht steht Margarethe immer wieder auf und sieht nach den beiden Kranken. Allein, diese schlafen fest und atmen ruhig. Erleichtert lässt sich das Mädchen ins Stroh fallen, neben Leon, welcher kurz aufmuckt und gleich wieder in tiefen Schlaf fällt. Auch Margarethe schläft wieder ein.

Als die Nacht vorbei ist, ist auch Rudys Fieber verschwunden. Seraina umarmt ihn schluchzend vor Freude. Er grinst – noch geschwächt – und bedankt sich mit einer kurzen Handbewegung in Richtung Margarethe und Leon.

«Hey Leute, wir sind noch nicht aus dem Schneider, wie kommen wir hier weg?», meldet sich Rudy, der gerade mit Seraina zusammen gierig trockenes Brot und etwas Käse hinunterschlingt – sein Gehirn scheint wieder an Fahrt aufzunehmen. – «Ja, allerdings, dazu bräuchten wir Plonk und das Schwert aus der Ruine… oder einen Zauberer…», überlegt Margarethe. In diesem Moment öffnet sich die Stalltür, und aus dem Morgennebel schält sich eine Gestalt heraus. Sie spricht: «At your service, Mylady!» – Margarethe stockt der Atem, fast unhörbar stammelt sie: «Mist,… der… der… Panda-Po…»

11
Ein Panda zu viel, ein Plonk zu wenig

«Oh Mann, der hat uns gerade noch gefehlt!», schimpft Rudy. – «Ist das dieser Plaggeist, von dem ihr erzählt habt?», wundert sich Seraina. – «Ja, das ist so eine Art englischer Hellebardus», erklärt Margarethe. – «Helleborus», korrigiert sie Rudy. – «Egal, jedenfalls so ein Volldepp, der wieder Ärger macht!» Verwirrt dreht Leon seinen Kopf zu Rudy, dann zu den Mädchen, hin und zurück, wie ein Zuschauer beim Tennisspiel. «Was ist das denn für einer?», wundert er sich. Statt eine Antwort zu geben, weicht Margarethe zurück, und instinktiv stellt sich Leon vor sie, um sie zu beschützen. Allein, der unheimliche Besucher bleibt an Ort und Stelle und lacht hämisch. Plötzlich hebt er seine Hand, die halb von seinem weiten Ärmel bedeckt ist, und murmelt beschwörende Worte. «Wo ist das Fläschchen?», flüstert Seraina beunruhigt, und Rudy zischt «Schscht!». Die Jugendlichen schicken einander fragende Blicke. Auch Margarethe ist verunsichert: Wer hat zuletzt das Antidot gehabt? Allen ist klar, dass das Heilmittel in Gefahr ist. Wozu ist der Kerl sonst hier, wenn nicht, um es an sich zu bringen?

Leon bleibt als Einziger der vier Teenager ganz ruhig. Margarethe ist froh, dass ihr Freund – denn so darf sie ihn wohl unterdessen mit gutem Gewissen nennen – so souverän bleibt und nicht in Panik ausbricht. Rudy und Seraina sieht sie die Anspannung an, welche sicher auch auf die erst gerade überstandene Krankheit zurückzuführen ist. Beide sind gewiss noch geschwächt. Sie selbst regt sich auch schnell auf und macht sich häufig auf Vorrat Sorgen, wo nicht immer ein Grund dahinter wäre. Diesmal aber verraten ihr alle Sinne, dass höchste Vorsicht geboten ist: Alarmstufe Rot! «Wenn doch nur Plonk hier wäre!», schiesst ihr ein Gedanke durch den Kopf, der so stark ist, dass sich vor ihrem geistigen Auge tatsächlich ein schwarzbefrackter Vogel materialisiert, der seine Schwingen im Fluge ausgebreitet hat. Jedoch verschwindet das Trugbild wieder, und die Vogelmutter seufzt. Oder hat Plonk ihr ein Signal gesendet, dass er eingreift, wenn es gefährlich wird? So, wie er das schon so oft getan hat?

Plötzlich geht alles ganz schnell! Der Zauberer stösst einen beschwörenden Ruf aus, und eine Meute Fledermäuse erscheint quasi aus dem Nichts und stürzt sich auf die Jugendlichen, welche laut schreiend mit den Armen fuchteln und ihre Gesichter zu schützen versuchen. Wohl wissend, dass die nächtlichen Jäger eigentlich harmlos sind, ist Margarethe dennoch beunruhigt, weil diese Tiere von dem bösen Magier mit Namen Pandemios heraufbeschworen wurden. Das verheisst nichts Gutes! Vielleicht hat er die vom Wesen her friedlichen Insektenfresser verhext, so dass sie Menschen angreifen? Möglicherweise sind sie gar Virusträger, ähnlich wie beim aktuellen Pandemieerreger in der Welt des 21. Jahrhunderts?

In dem Tumult trampeln die vier Freunde einander auf die Füsse oder schubsen sich gegenseitig, straucheln, stürzen. Auf einmal dringt ein Sirren an Margarethes Ohr, und sie blickt auf und gewahrt ein Fläschchen – das Fläschchen! – , welches an ihr vorbeifliegt, in Zeitlupe. Woher es kommt, ist nicht klar ersichtlich, aber alle vier Jugendlichen strecken ihre Hände danach aus und scheinen es aus unerfindlichen Gründen nicht greifen zu können. Mit einem triumphierenden Lachen, das in der Tat diabolisch anmutet, kriegt es der Zauberer zu fassen und lässt es in seinem Mantel verschwinden, dann explodiert etwas, was Nebel verursacht, und den Teenagern ist, als würde sie eine Ohnmacht umfangen.

Nach endlos scheinender Zeit kommen sie wieder zu sich, verwirrt, mit dröhnenden Ohren und schmerzenden Gliedern. Die

Fledermäuse sind verschwunden. Das Weltrettungs-Trio jammert im Chor, und Leon blickt betrübt drein. «Es tut mir leid!», murmelt er traurig. – «Uns allen tut es leid», stimmt Seraina ihm zu. – «Nein, mir tut es ganz besonders leid, weil ich das Fläschchen bei mir verwahrt hatte. Dennoch hat er es geschafft, es mittels Herbeirufzauber an sich zu reissen; ich konnte nichts dagegen tun!», erklärt er, schlägt mit der Faust gegen eine Wand der Scheune und wirkt äusserst deprimiert. Margarethe schmiegt sich tröstend an ihn: «Liebster, dich trifft keine Schuld; gegen solchen Zauber bist du machtlos!» – «Aber es wurmt mich, dass ich es nicht verstecken konnte!» – «Verbergen nützt nichts, wenn Magie im Spiel ist», pflichtet Rudy Margarethe bei und klopft Leon auf die Schulter. Dieser murrt zerknirscht: «Wenn es wenigstens zu einem Kampf gekommen wäre!» Erneut ballt er seine Faust. «Aber die mühsam errungene Medizin kampflos aufgeben, das frustriert mich gewaltig!» Sieh an, er ist eine Kämpfernatur, pflichtbewusst und auch ehrgeizig. Margarethe betrachtet ihren Freund aufmerksam. Offensichtlich kratzt es gewaltig an seinem Stolz, dass er machtlos war gegen den Zauberer.

Leons Zerknirschtheit hält jedoch nicht lange an. «Immerhin haben wir das Rezept», stellt er fest, und sein Gesicht hellt sich auf. «Dennoch wäre es besser, das Mittel greifbar zu haben, in diesen gefährlichen Zeiten. Los, wir erobern uns das Antibiotikum zurück!» – Rudy erwidert: «Und wie willst du das anstellen? Einen Steckbrief aushängen, <Medizin samt Entführer gesucht>, oder ihn mittels Zeitungsannonce zum Duell auffordern?» – Margarethe hebt ihre Hand, als wolle sie sich in der Schule zu Wort melden, um die Aufmerksamkeit ihrer Freunde zu gewinnen: «Ich weiss, auf welchem Schiff er angeblich der Kapitän ist; wir könnten ihn dort suchen!» – «Gute Idee», pflichtet ihr Leon bei. Seraina hat jedoch Einwände gegen den Vorschlag: «Der ist sicher nicht allein auf dem Schiff, hat doch eine Mannschaft, die uns sicher nicht einfach so an Bord spazieren lässt!» – «Dann gehen doch zwei von uns an den Hafen und verkleiden sich als Matrosen!», schlägt Leon vor. – «Gute Idee», findet Rudy, «bloss fragt sich, welche beiden.» – «Na, diejenigen, die er am wenigsten kennt... oder die am ehesten die Statur von Matrosen haben», empfiehlt Seraina. «Da sind wir Frauen wohl eher im Nachteil.» – «Aber Rudy wirkt nicht gerade wie ein Seebär», gibt Margarethe zu bedenken. Das hätte sie besser nicht tun sollen. Aufgebracht baut sich Seraina mit in die Hüfte gestützten Händen vor ihrer Freundin auf, und Rudy sieht beleidigt aus. «Was glaubst du eigentlich?», fährt Erstere sie an. «Nur weil dein Typ ein Muskelprotz ist, muss nicht jeder ein Bodybuilder sein!» – «Lass mal, Raina», wehrt Rudy ab trotz seines gekränkten Stolzes, «ich bin eh nicht wild darauf, mich auf einem schwankenden Kahn herumzutreiben.»

Einen Moment lang schweigen alle vier. Dann fängt Margarethe wieder an: «Hm, als Seemann anzuheuern, inkognito, wäre vielleicht schon reizvoll, und ich habe ja schon eine Männerfrisur.» – «Das ist viel zu gefährlich; ich möchte dich nicht unter lauten raubeinigen Matrosen wissen», interveniert Leon. «Wer weiss, was die mit dir anstellen, wenn sie merken, dass eine Frau an Bord ist!» – «Die werfen dich über Bord», doppelt Rudy nach. «Wenn sie vorher nicht noch Schlimmeres mit dir machen.» – «Frau an Bord bringt Unglück, heisst es doch seit jeher in Seefahrerkreisen», erinnert sie Seraina. «Die sind ziemliche Machos, diese Seeleute. Auch wenn du mit deinen abgefressenen Haaren nicht auf den ersten Blick als Frau erkennbar bist.» Die Rabenfreundin schweigt und ist gefühlsmässig hin- und hergerissen. Die Argumente ihrer Gefährten ergeben durchaus Sinn; dennoch ist ihr manchmal überbordender Sinn für Romantik zeitweise blind für offensichtliche Tatsachen. Als grosse Naturfreundin war es schon immer ihr Traum, auf einem Segelschiff übers wilde, offene Meer zu fahren, doch ihre Lebensumstände hatten dies bisher nie erlaubt. Als Kind hat sie schon immer gerne Piratenfilme geschaut und sich davon inspirieren lassen, sich vorgestellt, wie es denn wäre... Aber die Wirklichkeit war gewiss anders, unberechenbar und gefährlich.

Bevor sie diesen Gedanken weiterspinnen kann, kommt Rudy mit einem Alternativvorschlag: «Wie wäre es, wenn ihr euren Bader aufsucht und ihn bittet, euch nochmals von der Medizin zu geben?» Seraina nickt: «Das wäre sicher die einfachste Lösung, statt einem durchgeknallten Flohbändiger nachzurennen. Wenn der wieder seine Flöhe auf uns loslässt, sollten wir so oder so noch ein Reservefläschchen in petto haben.» Dieser Vorschlag stösst auf allgemeine Zustimmung. Nur Leon äussert gewisse Bedenken: «Wenn wir Bald noch finden.» – «Warum auch nicht?», wundert sich Seraina, und Margarethe erklärt: «Er hatte sich gestern Abend zum Aufbruch bereitgemacht; der könnte jetzt überall sein.» – «Dann grasen wir alle Dörfer und Weiler im Umkreis von London ab», schlägt Rudy vor. – «Und müssen uns also doch aufteilen», seufzt Seraina. «Bloss, wie teilen wir uns sinnvoll auf?» – «Auf keinen Fall lassen wir die Frauen allein!», äussern sich die Jungs fast unisono, dann blicken sie sich gegenseitig überrascht an und nicken einander zu. Die Mädchen kichern. «Das fängt ja gut an! Kaum bist du liiert, will er über dich bestimmen!», entrüstet sich Seraina, und ihre Freundin quittiert das spöttisch: «Na ja, unsere Helden wollen uns halt beschützen. Das geht so weit, dass er mir sogar meine Haarpracht genommen hat!» – «Unmöglich! Ich werde mich nie daran gewöhnen, dass Mäggy so eine komische Frisur hat! Schäm dich, Leon!» Die Empörung ist jedoch gespielt, denn es ist klar, dass sich die frisch verliebten Paare auf keinen Fall trennen wollen. Sie überlegen, wie sie sich geographisch verteilen sollen. Wie gross das Gebiet ist, das sie abdecken wollen, davon haben sie nicht die leiseste Ahnung. Rudy seufzt: «Könnte ich doch mein Smartiefon mit der praktischen Landkarten-App nutzen!» Seraina seufzt theatralisch: «Jetzt fängt der wieder mit seinem Ding an...». Margarethe kann sich eine freche Bemerkung gerade noch verkneifen. Dafür setzt Leon einen drauf: «Bist du so einer, der nie ohne Hilfsmittel kommt?» Einen Augenblick schweigen alle, da prusten die Mädchen gleichzeitig los. Rudy blickt verdattert drein: «Äh, war das jetzt zweideutig oder nur beleidigend?»

Bevor es zu einem Streit kommt, ziehen die Mädchen ihren jeweiligen Freund in entgegengesetzte Richtungen fort. «Wir gehen zum Hafen und sehen uns mal um», bestimmt Seraina, ohne Rudy zu fragen. – «Aber lass dich nicht von einem feschen Matrosen abschleppen!», warnt Margarethe ihre Freundin scherzhaft. Diese lacht laut auf, und Rudy zuckt zusammen: «Du lachst ja wie ein Weibsstück aus der Gosse!» – «Na eben, Süsser, das nennt sich Tarnung! Wir sind ein Liebespaar, und du hast mich soeben am Hafen aufgerissen!» Seraina amüsiert sich köstlich bei dem Gedanken, und Rudy schüttelt konsterniert den Kopf. – «Geht aber bloss nicht auf ein Schiff!», ruft ihnen Margarethe warnend hinterher. – «Und du lass dich nicht von einem liederlichen Weibsstück anbaggern, mit deiner Männerfrisur!», kontert Seraina.

«Mylady Ravenheart, wollen wir uns auf den Weg machen?», fragt Leon seine Freundin galant. Sie blickt ihn herausfordernd an: «Du hast wohl ein schlechtes Gewissen wegen der Haare! Und wohin gehen wir zwei Hübschen, oder eher Verunstalteten, jetzt? Wir sollten vorwärtsmachen!» Ihr Partner überlegt, dabei bildet sich auf seiner Stirne eine tiefe Falte. Jetzt, wo seine Haare kürzer sind, sieht Margarethe sein Gesicht viel besser. «Mach doch nicht so eine schreckliche Sorgenfalte, da kriege ich ja Angst! Ich dachte, nur Raina könne so grimmig dreinschauen!» Verwirrt schaut er sie an: «Was? Wie? Was für eine Sorgenfalte?» Er fährt sich mit der Hand über seine Stirne. «Oh nein! So ruiniere ich mir ja mein Gesicht! Ich muss unbedingt sofort meine Schönheitscrème auftragen!» Mit weit aufgerissenen Augen mustert ihn seine Freundin und weiss nicht, ob er sie auf den Arm nimmt: «Jetzt veräppelst du mich aber, oder?» – «Nein, wo denkst du hin, ich muss doch auf mein gutes Aussehen achtgeben!», antwortet er mit Falsettstimme, und beide brechen in Gelächter aus. «Witzbold», schmunzelt sie. «Könnte ja sein, dass du ganz eitel bist!» Nachdenklich betrachtet sie ihn: «Und eigentlich weiss ich so wenig über dich!» Er lacht auf: «Komm, wir ziehen los, zum Themse-Ufer, das führt uns in die richtige Richtung, und unterwegs erzähle ich dir alles, was du über mich wissen möchtest. Dann weisst du endlich, was du dir aufgehalst hast!»

Die Themse floss damals an London vorbei, weil nur das linke, nördliche Ufer bebaut war. Erst später hat sich die Stadt nach und nach entwickelt, vergrössert und auch das andere Ufer in Beschlag genommen. Das damalige Themseufer ist weit entfernt von der heutigen Uferpromenade, auf der sich fast lückenlos kilometerweit flanieren lässt. Flussufer, das hiess im 10. Jahrhundert morastiger Boden, auf dem das Gehen nicht ohne Hindernisse möglich war. Zeitweise stapfen die Teenager durch knöcheltiefen Schlamm, dann müssen sie wieder über Steine und Unrat steigen. Sie gehen eine Zeit lang schweigend nebeneinander. «Und, was hast du im Herzen deiner Seele verborgen?», fragt das Mädchen mit entwaffnender Direktheit, und Leon lacht: «Ich habe viele Geheimnisse!» – «Dann erzähl mir dein dunkelstes Geheimnis!» Er überlegt. «Hm... ich muss dich leider enttäuschen, liebste Mäggy Ravenheart, aber im Gegensatz zu dir bin ich leider ein ziemlicher Langweiler. Ich bin weder Rocksänger, noch Kite-Surfer oder Skater, sondern eher ein Einsiedlerkrebs.» – «Na ja, für einen Eigenbrötler bist du doch ziemlich kontaktfreudig und leutselig.» Er zuckt mit seinen Schultern. «Tja, ich kann mich eben anpassen... ich mag Gesellschaft, aber ich zieh mich auch ganz gerne in mein Schneckenhaus zurück und geniesse meine Ruhe.» – «Wirklich genau wie ein Einsiedlerkrebs, der sich sein schönes Schneckenhaus aussucht, es auf seinem Buckel herumträgt und es eifersüchtig verteidigt. Die sind übrigens richtig süss, diese Krebse», fügt sie hinzu und erntet einen anerkennenden Blick. «Stimmt, ich habe sie auch stundenlang beobachtet, vor zwei Jahren, auf den Philippinen, wie die am Strand herumkrabbeln, einen regelrechten Tanz aufführen und sich manchmal ein neues Häuschen aussuchen», erzählt Leon versonnen. «Einmal habe ich zwei dieser kleinen Kerlchen um eine besonders schöne Schnecke streiten sehen!» – «Ich habe am Sandstrand eine Muschel aufheben wollen, und plötzlich streckte die mehre Füsschen heraus!», erinnert sich Margarethe und lacht. «Da merkte ich sofort, dass das Haus bewohnt ist, und legte es wieder sachte auf den Sand. Kurz darauf krabbelte es davon.»

Ein Einsiedlerkrebs ist er also… und gleichzeitig ein Löwe. Interessante Mischung, findet das Mädchen, das selbst gerne für sich liest oder spazieren geht und gar nicht immer Betrieb braucht. Dass ihr Freund kein «Cooler» ist, beruhigt sie sogar. Auf diese Typen, die dauernd mit Kollegen auf Achse sind, und von Mädchen umflirrt werden, die sie beeindrucken wollen, ist kein Verlass – davon ist Margarethe überzeugt. «Macht nix, wenn du keiner der Supercoolen bist», bemerkt sie, «bin ich schliesslich auch nicht. Immerhin warst du auf den Philippinen Krebse beobachten, das ist schon ziemlich abgefahren. Aber was ist mit dem Löwen in dir, hat der gar mit deinem Sternzeichen zu tun?» Leon lächelt und schüttelt seine Löwenmähne – oder das, was davon übriggeblieben ist nach dem Haargemetzel. «In der Tat bin ich im Sternkreis des Löwen geboren, und ich finde, ich bin ziemlich typisch.» – «Das heisst, du schätzt Anerkennung und bist ein ganz friedlicher Kerl, ausser, man reizt dich?» – «Das stimmt. Wertschätzung bekommt man heutzutage ja so selten… und wenn man mich oder meine Lieben angreift, werde ich zum Tier! Darum bin ich auch so wütend auf diesen pandemischen Zauberer! Und ich bin deshalb dafür, dass wir Gas geben, damit wir möglichst schnell wieder zu unserem Gegengift kommen!» Margarethe stimmt ihm zu und bemerkt: «Notfalls haben wir ja das Rezept.»

Rennen wollen sie nicht, weil es nur auffallen würde: Man könnte sie für Diebe oder entflohene Gefangene halten. Letzteres trifft sogar zu. Und am Fluss treiben sich allerlei zwielichtige Gestalten herum, deren dunkle Geschichte die beiden Teenager lieber nicht kennen wollen. Unterwegs unterhalten sie sich weiter, und Margarethe pocht darauf, mehr von Leons Vergangenheit zu erfahren. Er erzählt, dass seine Eltern Biologen sind, weshalb er als Kind viel umherreisen und umziehen musste. «Meine Eltern kriegten jeweils nur für vier Jahre Forschungsgelder, daher waren wir wie Zigeuner und hatten eigentlich keinen festen Wohnsitz. Ich war schon fast auf allen fünf Kontinenten, erinnere mich aber nur noch vage an Asien, wo sie in Indien Tigerforschung betrieben. Die schönste Erinnerung habe ich an Afrika, wo wir in Kenya Löwen beobachten durften in der Serengeti. In Nordamerika drehte es sich um Pumas im Yellowstone National Park. Er lacht auf: «Tja, und jetzt sind wir sogar in der Schweiz, um dem Luchs auf den Pelz zu rücken.» – «Dann hast du schon Luchse gesehen?», möchte die Tierfreundin begeistert wissen. «Ja, natürlich. Freche, vorwitzige Kerlchen, aber auch sehr scheu. Ihre Ohren mit den Fellzipfeln sind unvergleichlich. Sie sind in den Siebzigerjahren wiederausgewildert worden, nachdem man sie ausgerottet hat. Nur Bär und Wolf sind von selber zurückgekehrt… A propos: Wir sind jetzt wieder am Brunnen, wo wir Bald gestern getroffen haben.»

Mittlerweile stehen sie tatsächlich auf dem Platz, wo sie mit Bald gesprochen haben. Keine Spur ist mehr zu sehen von dem Bader, welcher offenbar wie geplant weitergezogen ist. Sie halten inne. «Hier war er doch, oder?», sinniert Margarethe. «Unsere Umherirrerei hat mich etwas durcheinandergebracht.» – «Darum wollte ich ja am Fluss entlang, weil ich wusste, dass es nahe an der Themse war», erklärt Leon. «Doch, das müsste der Ort sein. Wo ist er bloss hin? In welche Richtung?»

12
Die Spuren sind kalt

«Was nun?», fragt das Mädchen. – «Komm, wir fragen die Leute.» – «Welche Leute? Ich sehe niemanden. Und an Türen klopfen möchte ich lieber nicht.» Die beiden ziehen an schäbigen Häusern vorbei, bis sie ein schmutziges Kindergesicht erblicken, das aber sofort hinter einer knarrenden Türe verschwindet. Aus einem Fenster, das eher wie ein Loch aussieht, mustert sie ein bleiches, faltiges Gesicht misstrauisch. Margarethe hegt Bedenken: «Wir sind viel zu auffällig. Allein schon durch unsere Kleidung!» – «Stimmt, aber Tarnung beschaffen ist gar nicht so einfach», gibt Leon seinerseits zu bedenken. «Wir können nicht schnell in den Laden um die Ecke zwei neue Paar Jeans und T-Shirts kaufen.» – «Ja, erstens hat es keinen Laden, und zweitens hatten die Leute im Mittelalter meistens nur eine Kleidergarnitur, die sie Tag und Nacht trugen», weiss die historisch Interessierte, «der Pyjama wurde viel später erfunden.» – «Also, im Nachtgewand würde ich jetzt auch nicht herumlaufen, das fällt nicht weniger auf als unsere Kluft!», grinst er. – «Ich meinte ja nur, dass die Leute immer ihre Kleider am Leib hatten; da haben wir keine Chance, eine Verkleidung zu ergattern.» Leon rümpft die Nase: «Und selbst wenn uns einer freundlicherweise seine Kleidung vorübergehend zur Verfügung stellen würde, so verzichte ich dankend!» – «Igitt!», reagiert Margarethe und möchte sich gar nicht vorstellen, in welchem Zustand von Schmutzigkeit diese nonstop getragenen Kleider waren. «Da würde sogar das Antidot nichts mehr nützen angesichts der flohgetränkten Fetzen! Womit wir wieder bei der Hygiene wären und bei unserer Pandemie!» – «Ja, was machen wir jetzt? Einen anderen Bader suchen, der uns das Mittel mixt?» – «Und wie wollen wir den bezahlen?» – «Na, wie letztes Mal... du weisst doch so vieles, was die damals, ich meine, jetzt noch gar nicht wissen.»

Als sie noch überlegen, ob sie verharren wollen oder weitersuchen, hören sie ein Schlurfen und erblicken eine Frau undefinierbaren Alters, mit einer fleckigen Haube auf dem Kopf, die einen Haufen Lumpen in den Armen herumträgt. Margarethe fragt sich noch, ob das ein Baby ist, verwirft den Gedanken jedoch wieder, als die Frau die Lumpen achtlos auf den Boden wirft. «So sieht also eine Lumpensammlerin aus!», flüstert Leon und wendet sich an die Frau: «Excuse me, madam, where did the bather go?» Verdutzt blickt ihn die Angesprochene an, und Leon fragt aus dem Mundwinkel: «Mäggy, was heisst Bader auf Englisch?» – «Mr. Bathman, was weiss ich?» – «We are looking for the doctor», versucht er es erneut. Wieder erntet er einen verdatterten Blick, und Margarethe versucht es: «The man who can cure diseases, the medicine man!» Jetzt scheint es der Dame zu dämmern, was sie wollen, denn sie verzieht wütend ihr Gesicht und faucht die Jugendlichen an: «The devil hath gone where he cameth from, thanks to Our Lord!» Und sie bekreuzigt sich. Nun ist es an den Teenagern, überrascht aus der Wäsche zu schauen – einerseits, weil sie Gossensprache erwartet hätten und kein religiöses Traktat in Kurzform, andererseits, weil offensichtlich die Heilkünste des Baders nicht überall gerngesehen waren. Mit finsterem Blick fängt die Frau an, auf den Lumpen herumzustampfen, und die beiden Zeitreisenden beschliessen, wortlos weiterzugehen.

«Für die Lumpensammlerin ist Bald offenbar ein Scharlatan!», bemerkt Margarethe. – «Die Zeit war noch nicht reif; die Leute glaubten an Gott und die Heiligen, an Gottesstrafen, und Heilmittel passten nicht in dieses Weltbild», erklärt Leon. «Das hast du ja auch gelesen, als wir in der Bibliothek waren.» Seine Freundin nickt. «Wurde er wohl davongejagt? Wie finden wir ihn bloss wieder? Oder jemanden, der uns das Mittel zusammenstellen kann?»

«Wir haben ja immerhin das Rezept, und wenn wir das heil bis in unsere Zeit bringen, können wir es zuhause mixen lassen, in einer Apotheke», beruhigt Leon die aufgebrachte Margarethe. «Jetzt einem Bader hinterherjagen, der möglicherweise von den Leuten verjagt wurde, hilft uns nicht weiter.» – «Stimmt, da verlieren wir nur wertvolle Zeit. Wollen wir zum Hafen gehen und schauen, ob Rudy und Raina etwas erreicht haben?» – «Gute Idee! Immer der Themse nach, da können wir den Hafen nicht verfehlen.» – «Vorausgesetzt, wir gehen in die richtige Richtung!»

So schlendern sie dem Fluss entlang; Margarethe hakt sich bei Leon ein und fragt ihn weiter aus: «Weshalb warst du eigentlich auf den Philippinen?» – «Das war vor zwei Jahren, da waren wir eingeladen vom besten Freund meines Vaters, welcher spät geheiratet hat, eine Philippina. Also kein Forschungsprojekt, sondern einfach mal Strandferien! Wobei es mich schockiert hat, wie arm die Einheimischen sind, die gleich über die Strasse hinter der luxuriösen Hotelanlage leben, in ärmlichen Bruchbuden.» – «Ja, der Luxus der Reisenden steht oft in krassem Widerspruch zum Lebensstil der Bevölkerung solcher Trauminseln», gibt Margarethe zu bedenken, und Leon nickt anerkennend: «Wow, das hast du ja toll ausgedrückt, Frau Professorin!» Sie lacht entschuldigend: «Wenn ich in Fahrt bin, geht die Sprache manchmal mit mir durch – vermutlich ist das Rudys Einfluss!» Leon hebt fragend die Augenbraue, und sie beschwichtigt ihn: «Keine Sorge, Rudy war schon immer wie ein Bruder für mich; da lief nie was Ernsteres!» – «Hm, also Bruder ist schon ziemlich ernst!» – «Ja, natürlich ist er mir wichtig, aber keine Konkurrenz für dich. Oder macht es mich in deinen Augen interessanter, wenn noch ein Typ im Spiel ist?», fragt sie kokett – und stolpert über einen grossen Stein, fängt sich aber wieder auf. Weil sie nicht mehr bei Leon eingehakt ist, kann er sie nicht auffangen. Margarethe vollführt groteske Verrenkungen, bis sie ihr Gleichgewicht wieder hat. «Das ist wohl die Strafe, wenn ich mal kokettiere!», denkt sie sich. Besorgt legt ihr Leon einen Arm um die Schulter: «Fall mir bloss nicht in die Themse, das ist kein Badefluss! Da würde ich auch im 21. Jahrhundert nicht freiwillig baden, aber jetzt ist das die Kanalisation!»

«Igitt, da bade ich lieber im Meer!», kommt Margarethe auf ihr Thema zurück. «Ich liebe den Ozean, und meine Mutter wollte schon lange mal nach Hawaii, was ja ein Naturparadies ist, aber das finde ich vom Umweltgesichtspunkt her bedenklich. So viel Treibstoff für den langen Flug!» Leon nickt: «Dieser Gedanke hat mir auch immer Sorgen bereitet, und ich hatte schon Streit mit meinen Eltern deswegen. Sie finden mich zu extrem, weil ich an den Klimademos mitmache und sogar schon mit Greta gechattet habe. Irgendwie kriegt man immer Streit, wenn die Positionen ein bisschen zu stark auseinanderdriften.» – «Wem sagst du das!», seufzt Margarethe. «Mein Vater ist Umweltaktivist, meine Mutter Bankdirektorin, und das gab viel Streit.» – Leon lacht mitleidigt auf, und sie wehrt ab: «Aber darüber möchte ich jetzt nicht sprechen; meine Eltern verstehen sich zum Glück wieder gut.»

Plötzlich wird es laut um sie herum. «Ich glaube, der Hafen ist nicht mehr weit», bemerkt Leon, und Margarethe nickt zustimmend. Gerade, als sie um eine Hausecke biegen wollen, kommen ihnen zwei Flüchtende entgegen mit Kapuzen über den Köpfen. «Zur Seite! Weeeeeeg!», schreit einer der beiden und bahnt sich mit den Armen gewaltsam einen Durchgang zwischen Margarethe und Leon, die erschrocken zur Seite weichen und auch der zweiten Person die Flucht ermöglichen. Doch als sich Leons und Margarethes Blick treffen, schiesst beiden derselbe Gedanke in den Kopf: Waren das nicht Rudy und Raina, den Stimmen nach zu urteilen? Und wenn ja, wovor rennen die weg? – Geistesgegenwärtig packt Leon Margarethe am Arm und reisst sie mit sich, den zwei Flüchtenden hinterher – in letzter Sekunde, denn hinter ihnen braust eine Horde von gut zwei Dutzend Matrosen heran, bewaffnet mit allerlei Stöcken und Enterhaken, die die Flüchtenden nichts Gutes erahnen lassen. Die wilde Jagd führt kreuz und quer durch die engen Gassen des Hafenviertels. Eben als sie wieder um einen Häuserblock rennen wollen, werden sie von vier Händen gepackt und in einen Schuppen gezerrt. Leon holt gerade zum Gegenschlag aus, da erkennt er Rudy. Derweil fällt Margarethe ihrer Freundin Seraina in die Arme und seufzt: «Gottseidank geht's euch gut.» – «Psst!», macht Rudy und schliesst die Tür zum Schuppen, bevor die erzürnte Meute in die Gasse stürmt. Als sie an dem Verschlag vorbeigerauscht sind, atmen die Teenager erleichtert auf.

«Uff! Die sind wir los», keucht Rudy erschöpft, und Leon fragt mit verwirrtem Blick: «Was hätte das werden sollen, wenn's fertig geworden wäre?» – «Ja, was habt ihr denen angetan, dass sie euch so verfolgt haben?» – Seraina seufzt und erzählt: «Na ja, wir fragten uns durch, wollten wissen, wo Pandemios Schiff vor Anker liegt. Wir gaben uns als Freunde des Kapitäns aus – ein kapitaler Fehler. Der Stinkstiefel schuldet den Leuten eine Menge Geld, das dann plötzlich einer der Typen von uns einforderte. Das hielten dann einige der Anwesenden für eine ausgezeichnete Idee und drohten uns mit Kielholen, falls wir nicht die Schulden des Schurken bezahlten. Da hat Rudy erneut den Trick mit der Smartiefon-Taschenlampe angewendet, so dass wir einige Sekunden Vorsprung herausholen konnten. Doch die Kerle sind dadurch besonders wütend geworden. Wir haben euch gar nicht erkannt, als wir Hals über Kopf die Flucht ergriffen haben…» – «Oha! Und wer hatte die glorreiche Idee, sich als Freunde von Pandemios auszugeben?», fragt Leon mit einem Grinsen und blickte zu Rudy. – «…das ist hier irrelevant», winkt ein sichtlich verärgerter Rudy ab und spricht mit Nachdruck: «Pandemios hat die Segel gesetzt, er ist schon auf hoher See, den holen wir nicht mehr ein…» – Margarethe beginnt zu schluchzen, und Leon legt tröstend seinen rechten Arm um ihre Schultern. Seraina seufzt und fügt hinzu: «Er soll angeblich das schnellste Schiff des Königreichs besitzen, den kriegen wir definitiv nicht mehr…»

* * *

Plonk hat lange und ausgiebig die Personen beobachtet, die in der Schiffskajüte von Pandemios ein und aus gehen. Und auch die Gewohnheiten des Kapitäns selbst sind ihm mittlerweile gut bekannt. Klug, wie er ist, hat er sich einen Fluchtplan zurechtgelegt und den richtigen Moment für einen Fluchtversuch abgewartet, der nun gekommen zu sein scheint.

Der Vogelkäfig, in den ihn Londons Hexer eingesperrt hat, ist weder gemütlich noch besonders gross. Plonk weiss nicht einmal, wie er da hineingeraten ist. Vermutlich hat Pandemios ihn gefangen, als Plonk in der venezianischen Ruine das Schwert ergriffen und so Margarethe vor den pestinfizierten Flöhen gerettet hat, indem er sie noch weiter zurück in die Vergangenheit und an einen vollkommen anderen Ort – nach London – gezaubert hat. Was nämlich kurz darauf geschah, daran kann sich Plonk nicht erinnern – lediglich daran, dass er in diesem Vogelkäfig aufgewacht ist. Vermutlich hat vorher ein Papagei darin vegetiert – jedenfalls hat Plonk bunte Federn am Käfigboden gefunden. Eine dieser Federn ist stark genug für den Versuch, das Schloss zu knacken. Jetzt, wo das Schiff aus dem Hafen hinausgefahren ist, braucht es alle Mann an Deck, denn die Themse hat viele Untiefen, und man muss sorgfältig navigieren, alles im Auge behalten und schnell reagieren.

Während sich alle an Deck abrackern – ausser Pandemios, der nur auf der Brücke steht und Befehle erteilt –, stochert Plonk mit der Papageienfeder im winzigen Schloss der Käfigtür herum. Nach ein paar Minuten klickt es auf, und die Käfigtür lässt sich mit einer einzigen Kralle aufstossen. Ein Kinderspiel für Plonk, scheint es, doch das sollte sich gleich ändern. Der kluge Rabe weiss, dass er das Schwert braucht, um sich und seine Menschenfreunde in Sicherheit zu «beamen». Und ebendieses Schwert liegt in Pandemios Truhe, umfasst von fünf Zentimeter dickem Eichenholz, gesichert mit einem Schloss in der Grösse seines eigenen Rabenschädels.

Mit ein paar sachten Flügelschlägen segelt Plonk vom Käfig, der an der Decke baumelt, auf den Boden der Kajüte hinunter. Dort angelangt, schaut er zur Tür und wartet kurz, um sicherzugehen, dass niemand seine Flucht mitbekommen hat. Nun marschiert er zur Truhe, schaut sich das Schloss an und pickt kurz auf dem Holz herum. Die Truhe scheint unbezwingbar zu sein. Der Rabe lässt kurz den Kopf hängen, doch Plonk wäre nicht Plonk, würde ihn ein solches Problem aufhalten. Schnell fliegt er auf Pandemios Schreibtisch, schnappt sich einen Brieföffner und macht sich am Schloss zu schaffen. Einige Minuten lang stochert er darin herum, vergeblich. Er zuckt mit dem Kopf, als fürchte er, dass das Geräusch von Metall jemanden herbeilockt.

Jetzt muss ein Geistesblitz her! Plonk blinzelt die Truhe mit seitlich geneigtem Kopf an. Sein Rabenhirn strengt sich übermenschlich, also eigentlich tierisch an. Aber es will ihm kein zündender Gedanke einfallen, bis er feststellt, dass die Truhe direkt auf dem Holzboden festgemacht ist… Hat sie keinen Boden? Plonk schleicht wie ein Fährtenspürhund nah am Boden entlang, bis er eine morsche Planke entdeckt, die tatsächlich unter die Truhe reicht. Er drückt mit dem klobigen Schnabel gegen sie, dabei gibt sie etwas nach. Zwischen Truhe und Planke entsteht ein winziger Spalt. Noch ist dieser zu klein, als dass Plonk hinein und mit einem Schwert wieder herausgelangen könnte. Doch steter Druck vergrössert den Spalt.

Plonk muss sich zusammennehmen, um nicht wie ein Specht auf das morsche Holz loszugehen. Schliesslich packt er erneut den Brieföffner und versucht, an einer besonders schwach wirkenden Stelle eine Rille einzukerben, sozusagen eine Sollbruchstelle herzustellen. Anschliessend drückt er zuerst mit dem Schnabel, dann mit dem ganzen Gewicht seiner Körpers auf die Planke, die wegbrechen soll. Millimeter für Millimeter schafft er es, die Planke nach unten zu drücken, bis zwischen Planke und Truhe ein Spalt offen bleibt, der gross genug ist, dass der grosse Vogel womöglich hindurch passt. Dass die Planke nicht bricht, ist sogar ein Vorteil, denn das Splittern von Holz könnte Pandemios aufhorchen lassen.

Plonk presst sich zwischen Truhenvorderwand und hinunterhängender Planke hinein und findet sich tatsächlich in der Truhe wieder – vor sich das Schwert. Jetzt gilt es nur noch, die Waffe aus dem Loch zu zerren – was nicht ganz einfach ist, weil das Loch seitlich liegt, das Schwert aber quer dazu. Plonk nutzt jeden Millimeter der Truhe aus, um das Schwert in die richtige Position zu bringen, doch es steckt in der Diagonalen fest.

Doch der kluge Kolkrabe hat ein ausgezeichnetes räumliches Vorstellungsvermögen. Er platziert die Schwertspitze in die vom Schlupfloch entfernteste obere Ecke der Truhe und schiebt den Griff zum Loch. So gewinnt er ein paar Zentimeter, gerade genug, dass sich der Schwertgriff aus dem Loch drücken lässt. Dann guckt er durch's Loch, um sicherzugehen, dass die Luft rein ist. Er zwängt sich am Schwertgriff vorbei aus dem Loch, dreht sich um und packt mit dem Schnabel den Schwertgriff. So zieht er das Schwert aus der Truhe. Es scheppert kurz, als die Schwertspitze zu Boden geht. Plonk zieht das Schwert rasch heraus und horcht mit pochendem Herzen, ob jemand etwas davon mitbekommen hat. Da hört er Schritte auf der Treppe hinunter zur Kajüte, und die Schritte nähern sich…

Geistesgegenwärtig fliegt er auf, legt das Schwert auf Pandemios Bett, schnappt sich mit den Krallen die Bettdecke und zieht sie über das Schwert. Nun ist es gut versteckt unter der Bettdecke des Kapitäns. Plonk selber fliegt zurück in den Käfig, dessen Tür er sorgsam mit einer Kralle festhält, damit sie nicht von selbst aufgeht, wenn ein Windstoss die Segel erfasst und das Schiff zum Schwanken bringt.

Ein selbstzufriedener Pandemios tritt ein. Zu Plonks Glück hat er nur die Seekarten im Sinn und nimmt sich diese vom Schreibtisch, ohne den Brieföffner zu bemerken, der nicht mehr dort, sondern neben der Truhe liegt. Und auch die über das Bett gebreitete Bettdecke fällt ihm nicht weiter auf. Auf einem Schiff findet man wegen des Wellengangs selten genug etwas genau dort wieder, wo man es zurückgelassen hat, wenn es nicht festgemacht ist. Ausserdem ist Pandemios dermassen von sich überzeugt, dass er nicht im Traum daran denken würde, ein Rabe könnte ihm das Wasser reichen…

Mit einem hämischen Grinsen in Richtung Plonk stolziert Pandemios wieder hinaus an Deck… und lässt – weil er die unpraktisch grossen Seekarten in seinen Armen trägt – die Kajütentür sperrangelweit offen…

* * *

Total erschöpft von den Strapazen, lassen sich die vier Teenager auf Säcken und Strohhaufen nieder in dem Schuppen und schlafen ein, bevor sie sich darauf einigen können, wer Wache schieben sollte. Als Erster ist Leon wach, und er ist unruhig, so dass auch Margarethe erwacht. «Was ist los, werden wir angegriffen?», murmelt sie im Halbschlaf. – «Nein, aber mein Magen knurrt so laut, dass ich nicht mehr schlafen kann», brummt er und wirkt äusserst schlecht gelaunt. So kennt sie ihren Leon gar nicht, der immer gutmütig und mit Humor bisher jede Situation gemeistert hat. Mürrisch murmelt er etwas von «Kleider stinken» und erhebt sich: «Mäggy, ich geh mal was zu Essen auftreiben und einen Brunnen suchen.» – «Okay», antwortet sie schlaftrunken und versinkt wieder im Traumland.

Nach endlos scheinender Zeit quietscht die Schuppentür in ihren Angeln, und die drei Schlafenden werden blitzartig wach, weil sie ständig auf Gefahr gefasst sind. «Keine Sorge, Leute, ich bin's nur!», grüsst sie Leon, jetzt offensichtlich besser gelaunt. «Und liebe Kinder, gebt fein Acht, ich hab' euch etwas mitgebracht!» Laut seufzend richtet sich Rudy auf einem Mehlsack auf, und Margarethe bemerkt, dass Serainas lange dunkle Haare von seiner Schulter gleiten. Offenbar haben die beiden Kopf an Kopf auf unbequemem Lager geschlafen. Seine hübsche Freundin sieht – wie üblich – sehr verschlafen aus und seufzt auch dementsprechend. Margarethe wird hellwach, als sie sieht, was Leon mitgebracht hat. «Reiche Beute!», lacht er selbstzufrieden und reicht jedem einen Apfel. Dann klaubt er sein Taschenmesser hervor und schneidet Scheiben von einer salamiartigen Wurst ab. «Salami zum Frühstück?», protestiert Seraina. «Ich möchte lieber ein Gipfeli!» Leon schmunzelt: «Schätzchen, es wird gegessen, was auf den Tisch kommt, sonst esse ich eben deinen Anteil!» Rudy besieht sich die Wurst misstrauisch: «Die sieht aber vergammelt aus!» – «Quatsch, die ist prima!», verteidigt Leon seine Beute. – «Aber die ist so weich und sieht wirklich gammelig aus», beschwert sich Rudy erneut. «Eine echte Salamiwurst müsste doch hart sein!» – «Deine harte Wurst kannst du dir sonstwohin stecken!», erwidert Leon. «Meine ist nicht steif, dafür gross!» Die beiden Mädchen schicken sich Blicke und prusten los. «Und die Damen denken wiedermal unanständige Dinge!», quittiert Leon grinsend den Blickaustausch,

«Also, schlecht ist sie nicht, diese Wurst», findet Margarethe. «Und zum Apfel passt sie wunderbar.» – «Wo hast du denn das Zeug her?», möchte Seraina wissen. «Hast du ein Handelskontor ausgeraubt?» Mit selbstgefälligem Grinsen entgegnet Leon: «Nein, die hab ich mir redlich verdient!» Nun sind die drei anderen hellwach und möchte wissen, wie er das angestellt hat. Leon erzählt, wie er beim Beladen eines Handelsschiffes Hand angelegt hat. Zur Belohnung bekam er eine Wurst und eine Handvoll Äpfel: «Alles ganz legal verdient!» – «Lieb, dass du mit uns teilst!», bemerkt Margarethe und gibt ihrem Freund einen Kuss. Er zieht sie leidenschaftlich an sich und erwidert die Liebkosung. Rudy meckert: «Kein Sex in der Öffentlichkeit, nehmt euch zusammen!» Seraina packt ihn am Arm und nähert sich seinem Gesicht mit einem zum Kuss gespitzten Mund: «Aber warum eigentlich nicht?» Rudy errötet und zögert einen Augenblick, dann aber lässt er sich auf den Kuss ein. Jedoch plötzlich ist es den vieren peinlich. «Diese Knutscherei geht doch nicht, wo wir einen wichtigen Auftrag haben!», ermahnt Rudy zur Vernunft. Seraina seufzt: «Mein Lieber, du bist viel zu diszipliniert!»

Die vier Teenager beobachten erst durch einen Türspalt die Situation in der Umgebung des Hafens von London noch ein Weilchen, bevor sie sich aus dem Schuppen stehlen. Doch das nächste Unterfangen ist nicht minder riskant, denn sie müssen unerkannt die Stadt verlassen. Sie haben Glück: Heraufziehende Nebelschwaden erleichtern ihnen den Weg zurück.

Als sie wieder im Vorland durch die saftigen Wiesen schlendern und die Sonne den Nebel vertreibt, erkennen sie die Silhouetten von vier Pferden unter einer alten Eiche. «Hey, Pandemios ist doch gar noch nicht auf hoher See. Der muss zuerst auf der Themse bis zur Flussmündung fahren! Wenn wir die Pferde hier reiten, können wir ihn einholen!», hat Leon einen Geistesblitz und beginnt, wie ein Pferd zu wiehern. Die Tiere unter dem Baum horchen auf. Leon dreht sich zur Seite und schmatzt hörbar. – «Hat dein Lover den Verstand verloren?», flüstert Seraina Margarethe ins Ohr, während Rudy die Augen verdreht. – «Nein, der kann mit Tieren sprechen, das ist fantastisch!», schwärmt seine Freundin, doch Rudy winkt ab: «Ich habe selber ein Pferd, das muss man trainieren, damit es die Befehle lernt. Sowas wie eine Pferdesprache können wir Menschen gar nicht. Ich habe schon so viele Pferde und Reiter miteinander arbeiten sehen, aber sowas wie eine artübergreifende Kommunikation habe ich noch nie erlebt…»

Doch Leon scheint ihn Lügen zu strafen, denn die Gäule nähern sich dem schmatzenden Leon. Da ist ein alter Schimmel mit grauen Läufen, ein junger, neugieriger Rappe und zwei mittelalte Braune mit weissen Sprenkeln an unterschiedlichen Stellen im Fell. Alle vier Tiere gesellen sich zu Leon, der ohne sie anzusehen eine Handbewegung zum Meer hin vollführt – langsam und bedächtig, um die Tiere nicht zu erschrecken. Dann dreht er sich zu seinen Freunden um und strahlt: «Ich denke, sie haben verstanden! Könnt ihr reiten? Dann nichts wie los!»

Im nächsten Augenblick schwingt sich Leon auf den Rücken des Schimmels. Margarethe zögert, denn sie fand das Reiten schon damals im alten Zürich eher eine ungemütliche Sache. Auch Seraina ist alles andere als begeistert. Doch weil Rudy sogleich auf ein Pferd steigt, will sich seine Freundin nicht lumpen lassen und tut es ihm gleich. Margarethe nähert sie sich dem einzigen freien Gaul – dem Rappen. Sie ist froh, das kleinste der vier Tiere erwischt zu haben und dass Pferde damals überhaupt eher klein gewachsen waren.

Wie ein Husar auf seinem Lipizzaner erhebt Leon die Hand und ruft: «Reiten wir diesen Pandemios über den Haufen! Holen wir uns zurück, was uns gehört! Hüü!» – «Hüü!», brüllt auch Rudy, und sein Brauner folgt Leons Schimmel. Die Pferde der Mädchen folgen, ohne von ihren unsicheren Reiterinnen angespornt zu werden. Margarethe hat noch mehr Mühe, auf dem Pferd zu bleiben, als sie es in Zürich hatte – denn im Gegensatz zu damals hat sie jetzt weder Sattel noch Zügel. Sie hält sich an der Mähne fest und schmiegt sich mit dem Oberkörper an den Hals des Tieres, um nicht hinunterzufallen.

Die vier Reiterinnen und Reiter donnern über liebliche Weiden, immer schön am linken Ufer der Themse entlang Richtung Meer. Doch niemand kann die Schönheit der Landschaft geniessen; alle haben mehr oder weniger schwer daran zu schaffen, nicht vom Pferd zu fallen.

Nach gefühlten zwanzig Stunden – die tatsächlich bloss zwanzig Minuten gewesen sind – erschallt Leons Ruf: «Ist das Pandemios Schiff? Mäggy! Du hast es doch gesehen?» – «Wie viele Masten?», presst sie hervor, stets in Angst, vom Pferd zu fallen. – «Zwei! Und eine goldene Kanone auf Deck!» – «Da... das mu-muss es... sein..., die goldene Kaka... hinten...», stammelt Margarethe und umschlingt den Hals ihres Rappen.

Die Pferde scheinen zu beschleunigen und holen das gemächlich die Themse hinuntertreibende Schiff schnell ein. Als sie auf Höhe des Schiffes angelangt sind, verlangsamen die Tiere und passen sich der Geschwindigkeit des Schiffs an – ein leichter Trab reicht jetzt, und das lässt Margarethe aufatmen. Doch im nächsten Moment wird es ihr wieder mulmig zumute: Pandemios steht wie ein Dämon an Backbord und grinst zu den Teenagern hinüber.

Den Jugendlichen gefriert beinahe das Blut in den Adern. Doch damit nicht genug, Pandemios blickt in Fahrtrichtung, zum Meer... Die Flussmündung ist erreicht, und die Pferde drohen mitsamt den Reitenden ins Meer zu plumpsen... Den Teenagern dämmert, dass jetzt schnell etwas passieren muss, sonst werden vier Menschen und vier Pferde ziemlich nass, und das Schiff droht definitiv auf hoher See zu entschwinden...

In diesem Moment ertönt ein Krächzen, und Margarethe erkennt darin den Schlachtruf ihres Raben, der mit einem Schwert in seinen Fängen aus dem Schiffsrumpf herausfliegt, einen gezielten Schwerthieb in Richtung Pandemios ausführt und dann unter kraftvollen Flügelschlägen ans Ufer zu seinen Menschenfreunden aufschliesst.

In diesem Moment flimmert die Luft seltsam, wie bei einer Fata Morgana in der Wüste. Allen ausser Leon schwant es, dass Rabe und Schwert genau jetzt zum Zeitsprung ansetzen. Die vier Reiterinnen und Reiter fühlen noch die Gischt des Meeres, den die Pferdehufe verspritzen. Die Tiere wiehern und bäumen sich auf. Sie vernehmen noch Pandemios Flüche, bevor ihnen Sehen und Hören vergeht und sie ohnmächtig werden.

13
Zurück in der Zukunft?

«Wo sind wir?», stöhnt Leon benommen. Neben ihm werden auch die andern drei Teenager wach und reiben sich die Augen. Plonk sitzt auf einem Steinpoller, hat das Schwert noch fest in den Krallen und krächzt. Margarethe will gerade übersetzen, da meint Leon: «Dein Rabe weckt uns.» – Erstaunt dreht sich Margarethe nach Leon und rappelt sich auf. «Du verstehst ihn?» – «Der versteht jedes Viech», grummelt Rudy und nervt sich, dass sie wieder in Venedig sind, wie er unschwer an den Kanälen und den Gebäuden erkennt. – «Aber halt», meint Seraina, «das hier wirkt ganz anders, ich meine, die Stadt wirkt grösser. Seht, was ist das für ein wunderschönes Gebäude, dort auf der anderen Seite des Canal Grande: vierstöckig, mit Fenstern, die von Säulen gesäumt sich, und an den oberen drei Stockwerken prangt je eine Art Rosette, fast so schön wie auf den grossen Kathedralen.» – Margarethe und Rudy, die beide ziemlich schnell begreifen, was sie da sehen am andern Ufer, stöhnen aus einem Mund: «Oh nein, das muss der Palazzo Ca'Dario sein!» Und Rudy fügt hinzu: «Es sieht jetzt frisch aufgebaut aus! Da war ich drin, damals noch in der Ruine des Gebäudes, das vorher dort stand. Da waren die Flöhe, ich erkenne es am Gebäude daneben. Da bin ich mir zu hundert Prozent sicher!»

«Was heisst das bezüglich der Zeit, in die wir geraten sind?», fragt Leon, und die historisch interessierte Margarethe erklärt rasch: «Weisst du noch, Leon, das Buch mit den Legenden über Venedig?» – Er nickt. – «Da stand drin, dass das Palazzo Ca'Dario gegen Ende des 15. Jahrhunderts gebaut wurde und seither sämtliche Besitzer eines gewaltsamen Todes gestorben sind. Das Gebäude sieht so neu aus, wir sind wohl 1490 oder so gelandet», erklärt Margarethe den andern.

«Das Spukhaus gehört sicher Pandemios. Und auch wenn er die Salbe dort versteckt hat, da geh ich nicht rein, wir müssen was anderes versuchen», winkt Seraina schaudernd ab. – «Aber was?», wendet Margarethe grübelnd ein, «und überhaupt, warum sind wir hier, nochmals in Venedig, aber zu einer anderen Zeit?» – «Nicht grübeln, Mäggy. Das wird sich schon noch zeigääääähn…», antwortet Seraina und hebt rasch die Hand vor den Mund. Erschöpft lässt sie sich auf einer niedrigen Mauer nieder, die zur Uferbegrenzung gehört: «Also, ich kann mir nicht helfen, aber ich bin hundemüde!» Besorgt blickt ihr Rudy tief in die Augen: «Deine Pupillen sehen aber ganz normal aus.» – «Ich bin ganz einfach müde! Ist es ein Wunder?», fährt sie ihn an, und Margarethe pflichtet ihr bei: «Ich kann Raina verstehen; wir haben einiges durchgemacht, und in dem Schuppen schlafen war wirklich nicht das Wahre!» – «Mich überrascht, dass Rudy nicht kaputt ist», bemerkt Leon. – «Wieso soll ich ein kaputter Typ sein?», gibt dieser aggressiv zurück. – «Na, weil du doch die Pest hattest; das geht nicht spurlos an dir vorüber…» – «Stimmt, das ist sonderbar», findet auch Margarethe. Rudy lacht selbstgefällig: «Ha, ich bin eben ein zähes Kerlchen! Das hättet ihr mir gar nicht zugetraut, was?» – «Tja, du bist eben eher der Kopftyp, der funktioniert auch, wenn der Körper im Eimer ist!», flachst Leon. Das hätte er besser nicht gesagt, denkt Margarethe und befürchtet, dass Rudy wütend wird. Dieser aber grinst nur überlegen: «Mein Akku ist voll geladen, und ich habe eine Powerbank eingepflanzt. Denn ohne mein Hirn wärt ihr doch alle aufgeschmissen!»

Margarethe ist froh, dass es nicht zu einer Konfrontation zwischen den beiden Jungs kommt, aber Seraina kann es trotz Müdigkeit nicht lassen, zu provozieren: «Hirn gegen Muskeln, das wäre ein lustiger Kampf um den Rang des Platzhirschs!»

Rudy mustert seine Freundin prüfend: «Und was ist dir lieber, Hirn- oder Muskelschmalz?» Sie zieht ihn an sich: «Du bist mir der Liebste, mein Nerd!» Er windet sich ein bisschen und lässt sich dann doch auf die Umarmung ein, die für ihn immer noch ungewohnt ist.

«Und was ist mit dir, Mäggy?», fragt Leon grinsend. Sie kann es ihrerseits nicht lassen, seinen Fischzug um Komplimente zu torpedieren: «Also, Superhirn Rudy finde ich gaaanz toll...» Und sie muss über seinen überraschten Blick schmunzeln. Schwärmerisch flicht Seraina ein: «...aber Muskeln sind schon sehr erotisch!» Das bringt ihr einen säuerlichen Blick von Rudy ein. Leon lacht auf: «Was wollt ihr eigentlich, ihr Frauen – sollen wir hier einen Swingerclub aufmachen?» – «Nein danke, ich steh' nicht so auf Partnertausch», winkt Rudy ab. «Versteh einer die Weiber!»

Also Leon sein T-Shirt über den Kopf zieht, ist Margarethe alarmiert: «Moment mal, das war doch nur ein Witz; was machst du denn da?» Er lacht über ihren entsetzten Blick: «Mein T-Shirt stinkt, das ist nicht auszuhalten! Ich suche einen Brunnen, um es zu waschen.» – «Du kannst ja in der Lagune baden», rät ihm Rudy. «Oder dich dort ersäufen», fügt er leise hinzu, – «Oh Mann, der Typ hat wirklich geile Muskeln!», schwärmt Seraina und mustert Leon bewundernd. – «Danke, du Hübsche!», erwidert dieser geschmeichelt, und Seraina errötet erfreut. Margarethe ist die Situation peinlich, und die aggressiv aufgeladene Atmosphäre bereitet ihr Sorgen. «Ich würde ja auch gern mal die Kleider wechseln», pflichtet sie Leon bei. – «Ja, aber jetzt geht es mir langsam zu weit, wie sich dein Freund aufspielt!», protestiert Rudy. – «Was heisst aufspielt?», fährt ihn Leon an. – «Du posierst da halbnackt in aller Öffentlichkeit und lässt deine Muskeln spielen, um die Frauen zu beeindrucken. Das finde ich pervers!» Leons überraschter Blick beweist, dass ihm jegliches Imponiergehabe fern liegt. «Erzähl doch keinen Blödsinn! Ich mag es lediglich nicht, herumzustinken!» – «Und eitel ist er auch!», fügt Rudy hinzu. Mit entwaffnender Ehrlichkeit zerschlägt sein Gegenüber den Angriff: «Na ja, ein bisschen eitel bin ich vielleicht schon – ist das denn so schlimm?» Mit treuherzigem Blick nimmt er dem ungewohnt kämpferischen Rudy den Wind aus den Segeln: «Aber ich habe schliesslich nie Anspruch auf ein Superhirn erhoben, das überlass ich gerne dir.» Margarethe fügt hinzu: «Und ein Männerteam aus Hirn und Muskeln ist genau das, was wir brauchen!» Gähnend ergänzt Seraina: «Aber ohne uns Supergirls wäre die Mission zum Scheitern verurteilt!»

Einen Moment ist es still, dann prusten alle vier los. Seraina ist sich der Situationskomik durchaus bewusst. Leon klopft ihr auf die Schulter. «Raina, du bist umwerfend! Mit Schlafzimmerblick die Welt retten – sozusagen im Schlaf.» Auch Rudy lacht Tränen: «Voll die supercoole Wonder Woman… so cool und gelangweilt, dass sie nonstop gähnt!» – «Na, aber im Ernst, ohne uns Frauen hättet ihr den Karren schon oft in den Sand gesetzt», bemerkt Seraina. – «Hab' ich jemals bestritten, dass ihr zwei genial seid?», verteidigt sich Rudy. «Sonst hätte ich doch nicht meine wertvolle Zeit mit euch in vergangenen Zeiten vertrödelt!» – «Dein Superhirn hat uns aber auch schon manches Mal aus der Patsche geholfen.» – «Aber unser Rabenherz ist die wahre Heldin, die musste schon so viel einstecken!» Die bewundernden Blicke der Jungs sind Margarethe richtig peinlich. Sie steht nicht gerne im Rampenlicht. Aber natürlich schmeicheln ihr Rudys Worte im Angesicht ihres Freundes. «Ist ja gut, danke für die Blumen, aber wir sollten jetzt mal entscheiden, wie wir weiter vorgehen», wehrt sie ab. – «Typisch Mäggy Ravenheart, immer bescheiden und im Einsatz für einen höheren Zweck», grinst Leon kopfschüttelnd und packt seine Freundin, um sie in seine Arme zu schliessen. Unter wenig überzeugendem Protest versucht sie, sich aus der Umklammerung zu befreien. «Ihr seid albern, wir müssen jetzt wirklich was unternehmen! Sonst geh ich eben allein!» Entgeistert blickt sie Leon an: «Du gehst gar nirgends allein hin! Nicht im Venedig des 15. Jahrhunderts!» – «Aber wir müssen ja nicht alle loszuckeln; wenn Raina sich ausruhen möchte, können wir uns ja aufteilen.» – «Gute Idee, dann gehen wir zwei, und die beiden Turteltäubchen ruhen sich aus hier, am romantischen, stinkenden Kanalufer», schlägt Leon gut gelaunt vor. «Äh, wohin gehen wir eigentlich?» Rudy muckt auf: «Genau darum braucht es auch einen im Team mit Hirn! Wir haben die Actionheldin, die emotionale Draufgängerin und den Muskelprotz. Aber einer muss ja schliesslich denken!» Grinsend fährt er fort: «Also, wir haben jetzt folgende Situation: Das Antidot ist in den Händen des Pandemieverbreiters, das ist schlecht.» – «Dafür haben wir immerhin das Rezept», wirft Leon ein, und Rudy fährt fort: «Richtig, und das ist gut. Und hier können wir anknüpfen.»

«Wir müssen die Salbe halt gemäss Rezept neu herstellen!», schlägt Leon achselzuckend vor und spielt mit seinem T-Shirt, dass er zusammengerollt hat und geistesabwesend herumschwingt. – «Und wer kann so ein Rezept lesen? Dazu bräuchte es jemanden wie die Kräutergelehrte Hildegard von Bingen», seufzt Seraina. «Aber dafür sind wir in der falschen Zeit und am falschen Ort.» – «Du hast Recht, Raina», pflichtet ihr Margarethe bei. – «Hildegard von bitte was?», erkundigt sich Leon und kratzt sich am Kopf, wobei er seine gekürzte Mähne verwuschelt. – «Hildegard von Bingen – die berühmte Mystikerin und Heilkundige», belehrt ihn Seraina etwas ungeduldig. «Hast du etwa noch nie von ihr gehört?» – «Nö… also doch, irgendwie schon… ich dachte, die macht Musik.» – «Das ist keine Rockband!», lacht Seraina. «Aber sie hat in der Tat mystische Gesänge komponiert, die auch von modernen Musikerinnen umgesetzt wurden; das ist schöne Meditationsmusik.» Überrascht starrt Rudy sie an: «Meditierst du etwa, Raina?» – «Warum nicht?», erwidert sie mit geheimnisvollem Blick, was Leon amüsiert: «Die mysteriöse Raina…» Nun bedenkt sie auch ihn mit einem vorwitzigen, fast schon provozierenden Blick, welchen Margarethe bei jedem andere Mädchen in die Kategorie «Flirten» einordnen würde. Ein bisschen irritiert sie dieser Blickwechsel schon, und auch Rudy zuckt verärgert zusammen. «Ok Leute», bringt er mit seiner messerscharfen Logik die Situation auf den Punkt: «Das Ziel ist: Wir müssen aus Venedig weg, müssen zu dieser Hilde rüber. Unsere Vorteile: Wir haben Plonk und das Schwert, und meilenweit ist kein Pandemios zu sehen. Im Palazzo ist der Zeitsprung schon einmal geglückt, also wird das reproduzierbar sein! Auf was warten wir noch? Wir müssen ans andere Ufer!»

Leon grinst: «Also vom andern Ufer sind wir nicht… ich zumindest nicht, und ihr, so weit ich euch kenne, auch nicht!» Seraina kichert, aber Margarethe schreit plötzlich auf: «Moment mal!» – «Was denn?», erwidert Rudy beunruhigt. «Du machst mir Angst, wenn du so schreist!» Mit schreckgeweiteten Augen erklärt sie: «Plonk und das Schwert sind nicht mehr da!»

Verunsichert blicken die vier Freunde um sich, aber in der Tat ist der Rabe nirgends zu sehen. – «Das gibt's doch nicht, vorher sass er doch noch auf dem Steinpoller», erinnert sich Rudy. «Und er hatte das Schwert in seinen Krallen.» – «Normalerweise bleibt er stets in meiner Nähe, sitzt auf einem Dachvorsprung oder Turm», erklärt die Rabenmutter, und alle vier recken die Hälse. «Plonk, wo bist du?» – «So ein Mist, vor lauter Herumquatschen haben wir den Raben aus den Augen verloren!», jammert Seraina. «Dabei sind wir doch immer am gleichen Ort geblieben.» Leon bleibt besonnen: «Keine Panik, der Vogel kann nicht weit sein!» Sogleich fängt er an zu krächzen, und es klingt in der Tat sehr ähnlich wie Plonks Rabensprache. Entnervt verdreht Rudy die Augen, aber er muss akzeptieren, dass hier Leon in seinem Element ist. Nach einiger Zeit glauben sie, eine Antwort zu vernehmen: ein klägliches Krächzen, das von weit her zu ihnen zu dringen scheint, erstickt, als wäre es hinter einer Wand oder Türe. «Das kommt doch von dem komischen Palast!», stellt

Seraina fest, und Rudy pflichtet ihr bei: «Stimmt, das Geräusch kommt aus dem Palazzo Ca'Dario jenseits des Kanals!» – «Das gibt's doch nicht!», klagt Margarethe fassungslos. «Er war doch erst noch bei uns – wie kann er denn dorthin gelangt sein?» – «Cool bleiben!», beruhigt sie Rudy. «Vermutlich ging er auskundschaften und möchte uns jetzt etwas mitteilen.» Aber Leon schüttelt besorgt den Kopf: «Nein, Plonk steckt in Schwierigkeiten!»

14
Rabe, Spuk und Sprung

«Oh weh!», jammert Margarethe. «Wir müssen ihn sofort befreien!» – «Ich sag's ja, wir müssen ans andere Ufer, in den verfluchten Palast!», wiederholt Rudy. Besonnen sucht Leon mit seinen Augen die Uferbefestigung ab, dann entfährt ihm ein Laut der Erkenntnis. «Aha! Genau das, was wir brauchen!» Die anderen eilen zu ihm, und er deutet mit seinem ausgestreckten Zeigefinger auf ein Boot, das tief im Wasser liegt. – «Was willst du denn mit dem alten Kahn?», fragt Seraina abschätzig. «Der säuft ja ab, wenn wir alle vier da reinsitzen!» – «Das ist eine Gondel», weiss Leon. «Die liegen immer so tief im Wasser, und die sind das beste Fortbewegungsmittel in Venedig!» Rudy schüttelt zweifelnd den Kopf: «Na, ich weiss nicht, ich trau dem morschen Nachen nicht!» Margarethe unterstützt Leon in seinem Vorhaben: «Das ist unsere einzige Chance, rasch über den Kanal zu setzen!» Leon grinst: «Und falls wir absaufen – ihr könnt doch alle schwimmen, oder?» Seraina wehrt ab: «Na, ich danke, dann ruiniere ich mir wieder meine neuen Jeans in dieser Brühe!» Rudy stöhnt: «Jetzt fängt das schon wieder an! Letztes Mal mussten wir uns die ganze Zeit deine Nörgelei über deine Klamotten anhören, dabei hatten wir im Zürich des 13. Jahrhunderts wirklich andere Sorgen!» Leon blickt verwundert drein und lacht kopfschüttelnd: «Ihr seid mir schon eine komische Truppe!» Seraina klopft ihm auf die Schulter und schenkt ihm einen provozierenden Blick aus ihren dunklen Augen: «Was heisst <ihr>? Du hängst da mit drin – bis zum Hals!»

Leon scheint wirklich etwas von Booten zu verstehen, denn fachkundig klettert er in die Gondel, ergreift das Ruder und löst das Tau, sobald die anderen drei an Bord geklettert sind. Zaghaft nur hat sich Seraina auf den schwankenden Nachen gewagt, und auch Rudy ist die Sache nicht geheuer. Margarethe, die ihrem Leon vertraut und keine Zeit verlieren möchte, ihrem Raben beizustehen, ist dagegen flink an Bord gesprungen und hilft den anderen beiden. – «Ach, kommt schon, ich lass uns schon nicht kentern!», ermutigt Leon die Zaudernden. Dann stösst er mit dem Fuss von der Ufermauer ab, benutzt das Ruder zum Navigieren und fängt an zu singen: «O Pandemio!» Die Mädchen kichern, und Rudy stöhnt «Witzbold» und schlägt sich mit der flachen Hand auf die Stirne, als wollte er sich den Kopf an einer Wand einrennen.

«Dein Leon ist ja ein ulkiger Typ!», flüstert Seraina ihrer Freundin zu, und diese nickt: «Ja, er hat originelle Ideen manchmal!» – «Und süss ist er ja!» – «Echt, findest du?», fragt Margarethe leicht irritiert. «Also gefällt er dir?» – Seraina kichert: «Na ja, er ist heiss, ein toller Typ!» Schmachtend betrachtet sie den «Gondoliere», der mit nacktem Oberkörper die Gondel lenkt, und Margarethe ist nicht sicher, ob ihr das jetzt unangenehm ist. Eine gute Figur macht er auf jeden Fall! – «Hm, aber komm bloss nicht auf krumme Gedanken!», warnt sie ihre Freundin. – «Was meinst du? Dass ich ihn dir ausspanne?», fragt diese verwundert. – «Du flirtest mit ihm!» – «Ach was! Ich kann doch gar nicht flirten!», erwidert Seraina mit echtem Erstaunen, was Margarethe beruhigt und gleichzeitig überrascht. «Dafür machst du es aber echt gut; ich könnte das nicht!» – «Blödsinn! Ich flirte nicht! Das ist nicht meine Art!» – «Du musst gar nicht flirten; du bist einfach zu hübsch, Raina!», seufzt Margarethe. – «Nee, ich bin doch ganz unscheinbar!» – «Das denkst du! Mach ihm einfach keine schönen Augen, du Femme Fatale!» – Seraina erwidert nichts darauf, ihr Gesichtsausdruck schwankt zwischen Fragezeichen in die Luft malen und kurz vor dem Lachanfall stehen. Margarethe scheint dies zu überzeugen, dass sie nichts zu befürchten hat. Mit einem Seitenblick auf Leon denkt sie: mein Schatz. Gleichzeitig erinnert sie sich an eine Filmfigur, die sich ähnlich über einen magischen Goldring äussert, der zur Geheimwaffe wird, und sogleich muss sie grinsen.

Unterdessen hat Leon Erbarmen mit seinem unfreiwilligen Publikum und hat das Singen eingestellt, und während die Mädchen tuscheln, wendet er sich an Rudy: «Deine Freundin ist ja ein echt heisser Feger!» Rudy dreht sich irritiert zu ihm um: «Wovon sprichst du eigentlich?» Kopfschüttelnd schmunzelt Leon: «Na, sag mal, hast du Tomaten auf den Augen?» – «Willst du mich beleidigen? Tomaten? Besen? Was faselst du da?» – «Stell dich nicht dümmer, als du bist – und das wäre immer noch irrwitzig gescheit!», fordert ihn Leon heraus. «Deine Freundin ist eine gefährliche Frau! Pass auf sie auf!» Rudy blickt ihn verdutzt an, dann wird er hellwach: «Also hör mal, wage es ja nicht, dir etwas einzubilden!» – «Nein, Alter, keine Sorge, ich habe meine Mäggy Ravenheart; ich mache dir sicher nicht deine schöne Seraina abspenstig. Aber die Braut ist magisch, das sag ich dir! Unterschätz' das Mädchen nicht!» Verwirrt legt Rudy seine Stirne in Falten und lässt seinen Blick zu den Mädchen hinüberwandern, welche zum andern Ufer hinüberspähen.

Unterdessen ist es schon ziemlich dunkel geworden, und im Schutz der Dämmerung landen die vier in ihrer Gondel am anderen Ufer. Leon vertäut das Seil mit einem Slipstek – einem Knoten, dessen Schleife sich rasch lösen lässt, damit das Boot verfügbar ist, falls sie plötzlich flüchten müssen. Dann zieht er sich das T-Shirt wieder an.

«Oh Mann, ist das unheimlich!», schaudert es Seraina, aber Rudy nimmt sie nicht beschützend in den Arm, weil er viel zu konzentriert am Spähen und Überlegen ist. Margarethe spürt den neidischen Blick ihrer Freundin, als ihr Leon seinen Arm um die Taille legt, um sie nahe bei sich zu wissen. Den vieren ist die Sache nicht geheuer, als sie um den verlassen scheinenden Palazzo schleichen. Das heisst, sie können ihn nicht umrunden, da der Palast so nahe ans Ufer gebaut ist, dass er nur direkt über die

Stufen vom Wasser aus oder vom Land her erreichbar ist. Da sie am Fusse der Stufen gelandet sind, bleibt ihnen nichts anderes übrig, als einen Zugang von unten her zu suchen. Das birgt das Riskio, dass sie in der Falle landen, wenn sie nicht schnell genug zurück zur Gondeln gelangen können.

Margarethe betritt als Erste den Palazzo Ca'Dario. Die andern folgen ihr. Zuerst sehen sie kaum etwas. Aber bevor sich ihre Augen an das Dämmerlicht im Eingangsbereich gewöhnt haben, gehen alle Lichter an – überall stehen Kerzenleuchter. «Wie ist das möglich, alle Kerzen auf ein Mal anzuzünden?», fragt Rudy halblaut. – «Zauberei löst alle Probleme, junger Lord Silicon!», verhöhnt ihn eine Stimme. Und Leon flachst: «Silikon? Das wusste ich nicht, wo hast du das verbaut?» – Rudy zischt: «Silizium, das steckt in den Computern… darum Silicon Valley.» Doch Rudy ist nur halb bei der Sache, denn er hat die Stimme erkannt, genauso Margarethe: Pandemios!

Jetzt tritt Pandemios mit einem Käfig in der einen und dem Schwert in der anderen Hand aus einem Nebenzimmer in den Raum. Zu Margarethes Entsetzen ist Plonk im Käfig gefangen. «Der arme Plonk!» Doch bevor sie sich allzu viele Sorgen um ihren Raben machen kann, rammt dieser dem Zauberer durch die Gitterstäbe hindurch mit voller Kraft den Schnabel in den linken Oberschenkel. Pandemios schreit laut auf vor Schmerz und lässt Schwert und Käfig fallen. Geistesgegenwärtig stürzt Rudy zur Waffe hin und nimmt sie an sich, Leon indes schnappt sich den Käfig und befreit Plonk. Doch Margarethe erstarrt vor Schreck, denn Pandemios nutzt die Zeit, richtet sich in voller Grösse vor den Teenagern auf und beginnt, magische Sprüche aufzusagen. Im Raum fangen alle Dinge an zu schweben und die Teenager anzugreifen. Stühle verwandeln sich in eine Art Kung-Fu-Maschinen, Schränke boxen mit ihren Schubladen, Kerzenleuchter werden zu Hellebarden.

In dem ganzen Tumult, der jetzt entsteht, erwacht das Rabenherz in Margarethe, und sie behält als Einzige einen kühlen Kopf, packt Leon, der ihr am Nächsten steht und immer noch Plonk festhält, am Ärmel und rennt mit ihm einfach los, auf das grosse Bogenfenster rechts von ihnen zu, verstärkt ihren Griff um sein Handgelenk und zieht den Jungen mit sich, während sie zum Sprung ansetzt. Fassungslos vor Schrecken, schreit Leon laut, aber Margarethe ist viel zu sehr auf den Sprung konzentriert, um zu schreien. Die beiden fliegen durch das Fensterglas, das damals so edlen Gebäuden vorbehalten war, ohne sich spürbar zu verletzen. Durch eine Wolke aus zerborstenem Glas sehen sie das Wasser unter sich und erwarten einen nassen und gleichzeitig harten Aufprall auf der Wasserfläche, jedoch kreischt ein Rabe, und der Kanal verschwimmt vor ihren Augen.

Als das Mädchen wieder zu sich kommt, fühlt sie sich weder nass noch zerschlagen, sondern findet sich auf einer wunderbar weichen Unterlage. «Wo bin ich?», fragt sie staunend und gewahrt unter sich edle Seidenstoffballen, neben sich den bewusstlosen Leon. Angstvoll schüttelt sie ihn, aber er will nicht erwachen. «Eo üüd, rrr!», plaudert dicht neben ihrem Ohr eine vertraute Stimme. «Grrita rrruh!» – «Plonk!», ruft Margarethe erleichtert aus und umarmt ihren Rabenfreund, drückt ihn an sich, so fest er es ihr erlaubt. Dann aber wendet sie sich wieder besorgt ihrem Freund zu, der leblos daliegt. Sie begreift, was der Rabe ihr sagen will. «Du meinst, Leon ist schlicht und einfach müde?» Sie rüttelt und schüttelt ihn sanft, da meldet sich Plonk wieder zu Wort: «Grrita küss!» – «Was hast du gesagt?», reagiert sie erstaunt und belustigt, «Soll ich ihn etwa wachküssen? Warum eigentlich nicht? Wenn das bei Dornröschen funktioniert hat… kann ich vielleicht Leon nach diesem Seiten… äh Zeitensprung auf diese Weise wach kriegen.» Sie beugt sich über den Schlafenden, schürzt ihre Lippen und berührt die seinigen. Samtweich sind sie, und Margarethe wird es für einen Augenblick schwindlig. Leon erwidert ihren Kuss, schlägt verblüfft die

Augen auf, und sie versinkt in einem Meer von Grün… und dann von Seide. Allerdings währt ihr Delirium nur kurz, denn Plonk ermahnt zur Vernunft: «Grrrita, Eo, kchomm!» Überraschend schnell richtet sich Leon auf und balanciert auf den schwankenden Seidenstoffballen, was nicht ganz einfach ist, da er selber noch etwas wacklig auf den Beinen ist. Dann fasst er sich: «Mäggy, dein Rabe hat Recht, wir müssen mit ihm kommen!» Er krächzt etwas, Plonk antwortet in Rabensprache, und die Rabenmutter wird von Eifersucht erfasst: Nun versteht ihr Freund ihren Raben besser als sie – ihr Baby, das sie eigenhändig aufgezogen hat! Das geht doch nicht!

«Wo sind wir? Und wo ist das Schwert?», fragt Leon in der Vermutung, dass Margarethe mehr wissen könnte, da sie schon länger wach ist. Doch sie ist ebenso ratlos: «Lass uns zuerst von diesen Seidenstoffen runterkommen. Hoffentlich machen wir nichts kaputt, sonst müssen wir noch den Schaden bezahlen. Das hätte gerade noch gefehlt. Dabei hast du dein ganzes unbrauchbares Geld schon in der Schenke in London liegen lassen. Dann landen wir gleich im nächsten Knast!» Der Junge stutzt einen Augenblick, dann zückt er sein Messer. «Bist du wahnsinnig?», zischt seine Freundin mit schreckgeweiteten Augen. – «Na, und wenn schon – wenn uns ohnehin Knast droht, dann soll es sich wenigstens lohnen!» Bevor das Mädchen es verhindern kann, hat der Junge bereits ein grosses Stück Seide von einem der nicht verschnürten Ballen abgeschnitten: «Das wird uns noch zunutze sein!» Sie seufzt: «Du bist verrückt! Wenn sie uns dann zur Strafe verschnüren wie die Seidenballen, dann bist du an allem schuld!» Er zuckt mit den Schultern: «Das Risiko gehe ich ein. Ich wickle dich dann mit Vergnügen wieder aus! Versuch jetzt besser, rauszufinden, wo wir sind.» Die Hände verwerfend, versucht Margarethe auf dem Haufen von Seidenballen zu balancieren und sucht mit den Augen nach Fenstern oder Türen, bevor sie achselzuckend wieder zu Leon blickt, der seine Beute zusammenrollt und in seine praktische Hosenbeintasche verstaut. –

«Okay, du hast also genauso viel Ahnung wie ich. Lass uns aus dieser schummrigen Lagerhalle rausgehen. Hoffentlich sind hier keine Türen, die man nur von aussen öffnen kann…» Leons letzter Satz beunruhigt Margarethe sehr. Die beiden Teenager haben sich endlich von den Seidenstoffbergen hinuntergekämpft und stehen nun auf festem Boden. – «Andere Frage», wendet Leon ein, «ich vermisse Rudys Nörgeleien! Wo stecken die beiden anderen?» – Jetzt dämmert es auch Margarethe, und ihr Blick schweift über die Seidenstoffberge und sucht ihre Leidensgenossen Seraina und Rudy – doch nirgends sind sie zu sehen, weder liegend noch stehend. «Ob sie wohl in der Seide abgesoffen sind? Und das Schwert mit ihnen?», sinniert Leon und grinst zu Margarethe, während er die Augenbrauen hebt. «Oder ob sie ein Schäferstündchen im Seidenmeer halten, die beiden Frischverliebten? Das wäre eigentlich auch eine Idee…» – «Ru, Ra, Schwe weg. Panda Anda!», krächzt Plonk. – «Sie sind in Pandemios Händen!», übersetzt Leon und ist gleich wieder meilenweit von Gedanken an ein romantisches Stelldichein entfernt, und bevor Margarethe erstaunt sein kann, überfällt sie eine Panik, dass Pandemios ihren Freunden etwas antun könnte. – «Wir müssen sie befreien, schau, die Tür ist nicht verschlossen, raus hier!», entfährt es Margarethe, und sie merkt, wie ihre Lebensgeister und ihr Tatendrang erwachen. «Das ist meine Mäggy!», bemerkt Leon anerkennend, «Darum liebe ich dich! Du bist nicht so 'ne Handtaschen-Tussi wie alle andern, du packst an!» – Margarethe errötet, öffnet die Tür, packt Leons linke Hand und rennt mit ihm den Gang der Lagerhalle entlang Richtung Ausgang – oder zumindest das, was nach einer Aussentür anmutet, denn Lichtstrahlen fallen herein. Plonk fliegt den beiden hinterher.

Tatsächlich erreichen die drei Freunde ein riesiges Tor, das allerdings verschlossen ist. Draussen scheint sich ein Schatten zu bewegen. Margarethe und Leon sind unschlüssig, da krächzt Plonk, der auf einem Tisch hockt, so dass es die Person draussen hört. – «Wer da?», brüllt jemand, und Leon verzieht das Gesicht:

«Der tönt wie einer von der Gestapo! Wie in den Filmen.» – «Hey, das war Deutsch! Wir sind vielleicht zurück...» – «Wer da?», brüllt der Mann draussen erneut, als Leon geistesgegenwärtig zurückruft: «Man hat uns vergessen, als wir die Seidenstoffe eingelagert haben. Bitte lassen Sie uns raus!» – Der Mann draussen lacht laut auf und erwidert emotionslos: «Jou!» – «Hä, jo-u? Was heisst das? Ja? Nein? Jein?», flüstert Margarethe Leon zu, «Macht er jetzt auf? Holt er die Polizei? Lässt er uns drin?» – «Ich glaube, ... ich meine... keine Ahnung...» – In diesem Moment hören die Teenager, wie ein Schlüssel ins Schloss gesteckt und umgedreht wird; das schwere Tor öffnet sich. Die Sonne blendet die beiden. Der Mann, wohl ein Lagerwärter, winkt die beiden nach draussen. Plonk flattert auf Margarethes Schulter, und so schreiten sie ins helle Tageslicht. Sie staunen nicht schlecht, als sie hohe, rote Backsteinbauten an einem Kanal erblicken. – «Das sieht aus wie in der Hamburger Speicherstadt...», grübelt Margarethe vor sich hin. «Das ist tatsächlich Hamburg, sieh, der Michel!», wendet sich Margarethe an Leon, während sie den Lagerwärter im Augenwinkel behält. – «Du kennst seinen Namen?», fragt Leon und zeigt auf den Wärter, doch Margarethe lacht: «Nein, die Kirche dort heisst so, nicht der Lagerwärter! Der Turm da oben, das ist die Michaeliskirche von Hamburg, kurz Michel genannt. Da war ich schon mal.» – «Und was heisst das bezüglich Jahrhundert?» – «Nichts. Fragen wir ihn einfach», meint Margarethe und wendet sich an ihren Befreier, der sie wegen des Raben auf ihrer Schulter etwas seltsam anstarrt und murmelt: «Kiek di dat an, en Rab auf dat Gör!»

«Äh wie bitte? Also... ich müsste wissen... könnten Sie mir sagen, welches Datum heute ist? Wir waren auf einem Schiff und haben komplett vergessen, welches Datum wir haben...» – Der Lagerwärter glotzt sie nur blöd an und räuspert sich: «Jou...» – «Ich glaub' das kann alles heissen...», ärgert sich Leon und will Margarethe gerade wegziehen, als der Hamburger doch etwas gesprächiger wird: «Cholera. An eurer Stell würd ik nich nach Hamburch rein. Die Zeiten jetzt sin nich so knorke.» – «Bitte was?», entgegnet Leon verdutzt, auch Margarethe versteht nur Bahnhof, aber zumindest wissen sie, dass sie in der Hamburger Speicherstadt stecken, und das zu den Zeiten von Cholera. – «Das war glaube ich 1892? Hab das im BEO gelesen. Gell, Sie, wir sind 1892?» – «Jou!» – Leon verdreht entnervt die Augen.

* * *

«Cholera! Auch das noch! Wie finden wir hier Raina und Rudy?», hintersinnt sich Margarethe, während sie und Leon durch die Speicherstadt schlendern; ein nervöser Rabe flattert dauernd neben, über oder an ihren Köpfen vorbei. – «Die Speicherstadt ist noch nicht fertig gebaut, sieh, die vielen Gerüste und halbfertigen Gebäude», wendet sich Margarethe an Leon, der erwidert: «Und sie haben schon stattliche Dampfschiffe, die hier ihre Ladung löschen…» – «Also nein, in ein Wirtshaus will ich nicht, und trink mir ja nicht Wasser, Cholera wird über's Wasser verbreitet…», unterbricht ihn Margarethe, und Leon lacht auf: «Das sagt man so, Ladung löschen, hat nichts mit Durst zu tun…, aber hoppla, was steht da auf dem Plakat bezüglich Wasser?» Margarethe, die gleich zur Wand mit dem Plakat rennt, schnappt den Inhalt auf, dreht sich zu Leon und meint: «Wasser darf nur an den von den Behörden freigegebenen Brunnen geholt werden. Zudem ist es mit Chlor behandelt. Aha, darum stinkt die Stadt wie ein grosses Hallenbad. Und dann bleiben noch die Schulen, Tanzhallen und anderen Vergnügungsstätten geschlossen…» – «Lockdown – wie bei uns!», lacht Leon laut und legt den Kopf in den Nacken. «Vom Regen in die Traufe!» Margarethe wird warm ums Herz – dieses Lachen fegt all ihre Angst wie von Zauberhand weg. Es ist ihre erste Zeitreise, in der sie selbst in ausweglosen Situationen die Angst bewältigen kann – wegpusten wie eine Feder, dank Leons Präsenz. Doch dieses schöne Gefühl währt nicht lange. «Was ist das für'n altmodisches Segelboot da hinten?», fragt Leon plötzlich, streckt den linken Arm danach aus, und Margarethe dreht sich abrupt nach dem Schiff um. Da stockt ihr der Atem: «Pandemios Zweimaster!»

* * *

Margarethe und Leon wollen zuerst sichergehen, dass Pandemios nicht auf dem Schiff ist, bevor sie es entern. Darum schleichen sie sich an, immer schön versteckt hinter Ladegut, das am Steg herumsteht, entweder, um in die Speicher oder in ein Schiff gebracht zu werden. Sie wollen zuerst ein paar Matrosen ausfragen, die gerade eine Kiste an Bord des Zweimasters bringen. Doch dann entdeckt Margarethe eine Kiste mit knallroten Äpfeln. Ihr fliesst das Wasser im Munde zusammen und sie stiehlt zwei – einen für sich und einen für Leon. Während Margarethe noch an ihrem ersten Bissen kaut, hat Leon seinen Apfel schon fast verschlungen.

Leon wirft das Apfelkerngehäuse ins Wasser und tritt hinter ein paar Kisten hervor. Er grüsst die beiden bulligen Kerle umständlich: «Grüezi… äh Grüss Gott, hallo.» – «Moin», grummelt der eine Matrose in seinen Bart, das zweite «Moin» kommt wie ein Echo vom andern Matrosen, dessen Kopf hinter der Kiste fast verschwindet. – «Ist der Kapitän an Bord?», fragt Leon mit einer engelshaften Unschuldsmiene – die ihn noch viel anziehender macht, als er schon ist, findet Margarethe.

«Lass dat, mien Jung! Da kummst vull in'n Tüddel mit det Macker. De is en richtig Kodderschnuut», antwortet der Matrose, der näher bei Leon ist. Vor Staunen ob des seltsamen Dialekts lässt Leon den Mund offen. Margarethe kommt nun auch aus der Deckung, stellt sich neben ihn und schiebt ihm mit der rechten Hand den Kiefer hinauf, so dass Leons Mund zumindest wieder zu ist. Aber es hat ihm die Sprache verschlagen. – «Nicht dass du noch einen fliegenden Fisch abkriegst, hier bei diesen Fischköppen, gell», grinst sie und findet: «Lass uns dieses Fässchen an Bord bringen.» Leon fällt auch nichts Besseres ein, so willigt er ein, packt das Fässchen und hebt es hoch, als sei es leer. Margarethe staunt Bauklötze, dass er es wie eine Feder aufnimmt, und fühlt sich gerade etwas nutzlos. Sie trottet neben Leon über eine Planke auf Pandemios Schiff; Plonk setzt sich dabei wieder auf ihre Schulter.

An Bord des Zweimasters folgen sie den beiden Matrosen in den Frachtraum hinunter. Als sie die Kiste abstellen, legt Leon das Fässchen daneben hin. «Is dat zappenduster, nich wahr? Nu is daddeldu! Ik geh zur Reeperbahn», spricht der eine Seemann zum andern gewandt, beäugt Leon, dann Margarethe und den Raben, sagt aber nichts zu ihnen. Die beiden Matrosen verlassen den Frachtraum über eine steile Holztreppe und lassen die drei Freunde im Schiffsbauch zurück. – «Reeperbahn? Der geht mitten am Tag ins Puff?», fragt sich Leon. Weil er es aber laut ausgesprochen hat, grinst Margarethe: «Das ist doch damals die Seilfabrik gewesen, die haben die Seile und Taue gedreht. Der geht dorthin, um sich ein bisschen Geld dazuzuverdienen. Solch kräftige Typen braucht's für den Job.» – Leon grinst verlegen, wechselt aber schnell das Thema: «Und was jetzt?» – «Hier, schau, was auf der Tür steht: Der Raum der Zeit. Vielleicht ist es eine Zeitpforte, die uns zu Raina und Rudy bringt.» – «Aber wie kannst du dir sicher sein, dass wir zur richtigen Zeit am richtigen Ort landen, um die beiden zu befreien? Das ist doch einfach ein Schuss ins Blaue!», versucht Leon Margarethe von ihrem Vorhaben abzubringen, den Raum der Zeit zu betreten – erfolglos.

* * *

Die Holztür knarrt unverdächtig, im Raum der Zeit ist es düster und eng. Margarethe tritt ein, Leon und Plonk folgen ihr sofort. Dem Raben wie dem Jungen steht ins Gesicht geschrieben, dass sie sich um Margarethe sorgen. Als alle drei im Raum der Zeit stehen, geht die Tür hinter ihnen langsam und wie von Geisterhand gestossen zu. Leon stemmt sich noch mit aller Kraft dagegen, doch selbst er kann nicht verhindern, dass sie sich schliesst. Erschöpft sinkt er zu Boden, Margarethe hockt sich erschreckt neben ihn und klammert sich an seinen linken Arm. Auch Plonk, der sonst nicht die Nähe von fremden Menschen sucht, hopst an Leons rechte Seite. Im Raum erscheint ein heller Punkt, und eine mysteriöse Stimme raunt: «Willkommen im Raum der Zeit. Welche Pandemie darf es denn sein? Die Königin der Pandemien, die Pest, können wir in diversen Jahrhunderten und auf allen Kontinenten anbieten. Die Auswahl bei der Cholera ist ebenfalls ausreichend gross. Die Grippe in diversen Variationen ist sehr empfehlenswert. Oder soll es Ebola sein, die tödlichste von allen?» – «Das ist keine Pandemie, Ebola ist nur im Kongo aufgetreten!», widerspricht Leon und richtet sich im Sitzen auf. – «Nicht so vorlaut, der Raum kann alles gegen uns verwenden», warnt Margarethe und drückt Leons Arm noch stärker. – «Au, du amputierst ihn mir noch!», beschwert er sich, doch dann verstummt er gleich, denn es wird noch viel unheimlicher, als die mysteriöse Stimme raunt: «Wählt Zeit und Ort eurer Pandemie. Ich bin da, um alle eure Wünsche zu erfüllen!» – «Wir haben denselben Wunsch wie Seraina Capaul und Rudolf von Arx», ruft Margarethe geistesgegenwärtig. Leons Gesicht erhellt sich und er drückt ihr einen dicken Kuss auf die rechte Wange. – Die Stimme aus dem Raum der Zeit aber stöhnt auf: «Nicht nochmals dorthin! Dieser Kerl hat mich fast in den Wahnsinn getrieben mit seinem Wunsch… eine Stadt auf Erden zu finden, in der noch kein Bewohner je eine Krankheit erlitten hat… Leute, die nächstgelegene Stadt mit diesen Bedingungen ist Knuffingen. Dazu muss ich euch schrumpfen…» – «Waaaas!!!!!!», schreien Margarethe und Leon wie aus einem Mund, kurz bevor sie ohnmächtig werden.

* * *

«Knuffingen? Wo liegt das?», fragt Leon, als er wieder erwacht ist. – «Noch nie gehört… Hey, wir sind auf einer Wiese… aber irgendwie ist diese Wiese seltsam, das… das… ist kein Gras, das ist Kunststoff. Und der Strauch da…» Margarethe springt auf und rennt zum Strauch und fasst ihn an. «Plastik! Wir sind…» – «… in einer künstlichen Landschaft», beendet Leon Margarethes Satz. Als Leon auch aufsteht, wird Plonk wach und guckt sich ebenfalls erstaunt um. Er rupft und zupft am Gras und wendet sich schliesslich angeekelt ab. Sie sind mitten in einem Schlosspark aufgewacht. Plötzlich hören sie Sirenen, die näherzukommen scheinen. Die drei Freunde drängen sich dicht zusammen. «Kommen die uns verhaften?», fragt Margarethe, doch Leon schüttelt den Kopf: «Das Schloss scheint zu brennen, das ist die Feuerwehr.» Und tatsächlich preschen ein paar Feuerwehrwagen die Rampe zum Schloss hoch und versammeln sich vor dem rauchenden Gebäude. Doch seltsamerweise steigt niemand aus – niemand rollt den Schlauch aus, niemand bringt die anwesenden Touristen aus der Gefahrenzone heraus, niemand bewegt sich auch nur einen Millimeter. Margarethe wendet sich zu einer Frau, die den Garten zu fotografieren scheint. Als sie ein paar Meter neben ihr steht, dämmert es Margarethe, denn auch die Touristin ist aus Kunststoff. Gewissheit erlangen die beiden, als sie über eine Mauer blicken und ein weit verzweigtes Eisenbahnnetz erblicken. «Wir sind auf einer Modelleisenbahn-

Anlage!», sprechen Leon und Margarethe wie aus einem Mund, und sie wissen nicht, was sie dazu sagen sollen. Sie brauchen sich aber auch gar nicht den Kopf darüber zu zermartern, denn hinter ihnen vernehmen sie die lachende Stimme von Rudy: «Es ist affengeil, ein Traum! Die Anlage ist voll digital! Ich hab schon den ICE zum Entgleisen gebracht und den Vorortszug voll Karacho durch den Bahnhof donnern lassen! Hey Leute, kommt mit, Raina ist unten in der Disco. Das geht voll ab!» – «Unz unz unz! Bin aus Kunststoff, voll, ey Mann!», rappt Leon und dreht sich zu Rudy, der konsterniert einen Schritt zurückweicht. Da lacht Leon laut auf und nimmt einen nun noch konsternierteren Rudy in die Arme: «Schön haben wir euch gefunden; also eigentlich war es Mäggys Geistesblitz, das gleiche Ziel zu verlangen, das du dem Raum-Zeit-Geist abverlangt hast…» Nachdem ein überrumpelter Rudy sich aus Leons freundschaftlicher Umarmung herausgewunden hat, wendet die Gelobte ein: «Toll Jungs, aber… nur, wie kommen wir wieder raus aus Dings… äh… Knuddelfingen?» – «Knuffingen», ergänzt Rudy, der wieder etwas Farbe im Gesicht hat, und fügt grinsend hinzu: «Habe ich schon herausgefunden, hat mit der digitalen Steuerung zu tun. Die Details erspare ich euch, sie sind zwar hochinteressant, aber…» – «Aber wie wusstest du, dass wir euch hier finden?», unterbricht Leon ihn. Rudy zuckt mit den Achseln: «Logik! Wo würde Mäggy hin wollen, wenn der olle Geist sie fragt? Na, zu uns natürlich… dass das klappt, hatte die Wahrscheinlichkeit von 1 zu 10 ungefähr – die Unsicherheit kommt von der Gefahr, dass sie sich unpräzise ausdrücken könnte…» – «Ich? Was?» – Bevor Mäggy sich entrüsten kann, fragt Leon weiter: «Aber warum eine Modelleisenbahnanlage?» – «Weil hier definitiv noch nie eine Pandemie stattgefunden hat und auch nie eine stattfinden wird – das heisst: Pandemios kann uns hier gar nichts! Wir sind hier sicher in einer Plastikstadt. Und es hat noch einen weiteren Vorteil: die Leute sind auch aus Plastik, keiner geht einem auf den Wecker!» – «Na ja, dafür sind wir ja jetzt da», fügt Leon

Rudys Ausführungen augenzwinkernd hinzu. Dass sein verbaler Pfeil zielsicher getroffen hat, merkt Leon daran, dass sich Rudys Blick verfinstert. – «Bereust du schon, dass wir es geschafft haben?» – «Öh, … nein, also, … wir wollen ja auch weg. Und wir haben das Schwert, aber keinen Raben…», windet sich Rudy heraus, dann fügt er hinzu: «Schnell rauf auf den grossen Feuerwehrwagen, der fährt uns direkt in die Stadt runter!»

Gesagt, getan. Da hocken nun drei auf den Massstab 1:87 geschrumpfte Menschen und ein Rabe auf einem digital gesteuerten Feuerwehrauto und lassen sich in die Stadt hinein chauffieren. Beim Rathaus ist sogar ein Markt aufgebaut worden – Plastikmenschen kaufen Plastikfrüchte und -gemüse. «Die Stadt ist wahnsinnig laut und hell mit all den Sirenen, Autolampen und sausenden Zügen», motzt Margarethe, und Rudy lacht: «Wart's ab bis es dunkel wird, dann brauchst du eine Sonnenbrille, dann gehen auch die Strassenlaternen und die Häuserbeleuchtungen an. Und es wird hier mehrmals am Tag dunkel, das ist alles so programmiert.» Margarethe seufzt.

Endlich erreichen sie das Feuerwehrdepot, und der Einsatzwagen stoppt – aber so abrupt, dass die drei Teenager fast hinunterfallen. Plonk hat sich vorsichtshalber in die Lüfte erhoben. «Und wo ist jetzt die Disco?» – «Gleich ums Eck…» – «Ums Eck? Wir sind hier in Hamburg und nicht in Bayern, wie kommst du zu dem Ausdruck?», will Margarethe wissen, während sie Richtung Innenstadt gehen und staunen, wie detailverliebt die Szenerie ist. «Von so nah sieht man die Kleberreste, wirkt schon schöner, wenn man aus der Vogelperspektive draufschaut», wechselt Rudy das Thema, um einer linguistischen Debatte zu entgehen. «Ich war erst kürzlich im Klewula, dem Kleinen Wunderland. Die haben mich um Hilfe gebeten wegen einer Programmierung.» Doch zu Rudy Enttäuschung reagiert niemand auf seine Äusserung, denn genau jetzt kommt die Disco ins Blickfeld. Und durch das grosse Fenster sieht man Seraina inmitten von Plastikravern munter tanzen zu einem fetzigen Sound, der auch von draussen gut hörbar ist.

Drinnen angelangt, halten sich Margarethe und Rudy die Ohren zu, während Leon brüllt: «Raina, wir sind da, die Party ist aus! Lockdown!» Seraina dreht sich mitten im Tanz elegant herum und rennt den Freunden entgegen. Sie umarmt Margarethe und jubelt: «Rudy hat's vorausgesagt!» – «…berechnet», korrigiert er sie, «die Wahrscheinlichkeit. Ist alles eine Frage der Wahrscheinlichkeit…» – «Ach egal, lasst uns abhauen, irgendwie fühle ich mich etwas unterbelichtet in Kleinformat», mahnt Leon zur Eile. – «Gell, die Muckis sind nicht ganz so feste im Schrumpfzustand…», frotzelt Rudy. – «An deiner Stelle wäre ich ganz ruhig, Schrumpfkopf…», kontert Leon. – «Jungs, bitte!», rufen Seraina und Margarethe wie aus einem Mund und fallen dann in befreiendes Gelächter.

* * *

«Also, was ist jetzt zu tun?», fragt Margarethe, da kommt es Seraina in den Sinn: «Sorry, Schwert vergessen.» Schnell rennt sie zurück ins synthetische Discogewimmel und kommt mit dem Schwert zurück: «Gut, dass die Plastikköppe nicht auf die Idee kommen, Schwerter zu klauen!» – «Wie kommt es, dass euch das Schwert nicht weggenommen wurde?», fragt Leon, und Rudy zuckt mit den Achseln: «Keine Ahnung; als ihr aus dem Palazzo gesprungen seid, hat uns Pandemios gefangengenommen und aufs Schiff gebracht. Dort hat er uns direkt in den Raum der Zeit gebracht. Er sperrte uns mit dem Schwert dort ein. Er faselte was wie: Jetzt müsse er nur noch die anderen mitsamt Raben da reinbringen, um Herr der Zeit zu werden. Wie das gehen soll, ist mir schleierhaft – obwohl, Rabe und Schwert vereint, heisst es ja… na egal, jedenfalls habe ich mir vom Raum der Zeit Knuffingen als Zielort gewählt, weil hier noch nie eine Pandemie gewütet hat und nie eine wüten kann.» – «Genial!», findet Leon anerkennend.

Selbstzufrieden lächelnd erklärt Rudy, wie er denkt, den Zeitsprung zu schaffen: «Ganz einfach: Rabe und Schwert vereint ergeben einen Zeitsprung, wenn das Raumzeitkontinuum ein ganz klein bisschen gestört ist. Typen wie Pandemios können solche Störungen selber erzeugen; vielleicht ist sogar Mäggy in der Lage, unterbewusst eine solche Situation zu erschaffen. Der Zeitsprung klappt aber nur mit Rabe und Schwert. Darum ist Pandemios so scharf darauf, uns dauernd zu erwischen. Er springt dann auch in der Zeit herum. Vermutlich hat er jetzt so eine Art Zeitmaschine, da wir alle mit Rabe und Schwert nun seinen Raum der Zeit besucht haben.» – «Kurzfassung, Mister Hirnschmalz!», grunzt Leon, und Rudy räuspert sich, leicht aus dem Konzept gebracht: «Äh, ja, also, wenn wir einen Zug in Knuffingen schnell genug fahren lassen, passiert das, was den Astronauten auf der Raumstation WIR zustösst: Sie altern weniger rasch als auf der Erde, weil sie viel schneller unterwegs sind als auf der Erde. Das sind zwar nur wenige Sekunden, aber das Raumzeitkontinuum wird dadurch leicht gestört. Hätten sie Plonk und das Brotmesser, würden sie sich ziemlich rasch bei den Neandertalern wiederfinden…» – «Im Raumanzug auf Mammutjagd, toll», flachst Leon. Rudy wirkt immer genervter: «Jetzt lasst mich mal fertig ausführen, gopfertammi! Also, äh, ja, der schnellste Zug auf der Anlage ist, nicht mehr der ICE, den habe ich blöderweise entgleisen lassen, aber das macht nichts, der war eh nicht so stabil unterwegs; ich habe eine Dampflok entdeckt, die einen genial starken Antrieb besitzt. Wenn wir die auf Vollgas bringen, erhalten wir eine solche Störung des Raumzeitkontinuums, denn wir sind dann im Verhältnis zu unserer Körpergrösse viel zu schnell.» Margarethe wird ganz bleich, was Leon sofort auffällt. Er nimmt sie in die Arme und fragt: «Wie sicher ist das?» – «Die Überlebenschancen sind eins zu einer

Million… äh… bei mir aber deutlich höher, ich weiss schliesslich, was ich mache… im schlimmsten Fall geht Pandemios mit uns zusammen hops…»

* * *

Nach den sehr ermunternden Ausführungen von Rudy suchen die Teenager die besagte Dampflok auf. Sie ist grün und hat ziemlich viele Achsen. «Ich geh jetzt die Programmierung machen. Leon, wenn ich fertig bin und die Lok fährt an, erwarte mich an der Biegung beim Schloss, streck die Hand für mich raus und hilf mir auf die Lok!» Mit diesen Worten verabschiedet sich Rudy für sein Programmier-Abenteuer.

«Warum sind eigentlich keine Besucher da?», fragt Margarethe und hockt im Führerstand der Lok, einer bayerischen Mallet. – Seraina zuckt mit den Achseln und meint: «Vermutlich sind wir in unserer eigenen Zeit gelandet und es ist Lockdown…» – «Gut für Rudy; so muss er nicht aufpassen, dass er zertreten wird», frotzelt Leon.

* * *

Und sie bewegt sich doch – die Lok beginnt zu fahren. «Erstes Problem: die Weiche da vorne ist auf Abstellgleis gestellt. Vermutlich ist sie noch analog, und Rudy kann sie nicht stellen. Plonk, flieg hin und stell die Weiche um!», befiehlt Leon dem Raben, während er wie ein Lokführer aus dem Führerstand hinausguckt. Plonk ist schnell in der Luft und überholt die Lok. Bei der Weiche ist er etwas ratlos, doch dann packt er ein kofferförmiges Ding am Weichenrand und dreht es herum. Klack – die

Weiche ist gestellt. Schnell fliegt er zurück in den Führerstand, wo seine Menschen mit dem Schwert warten. Jetzt fahren sie gemächlich aus dem Bahnhof von Knuffingen hinaus. Die Anlage ist in drei Landzungen aufgeteilt. Sie nehmen während der Durchfahrt der drei Bereiche immer mehr Fahrt auf, bis sie auf einem Hügel, dem sie sich nun nähern, das Schloss erblicken. Und siehe da, Rudy steht an den Gleisen. «Immer diese Touristen, die per Anhalter reisen!», flachst Leon und streckt die rechte Hand raus, um Rudy aufzufangen und hochzuziehen. Die Lok ist allerdings schon ziemlich schnell. Leon erwischt Rudys Hand zwar, nur ist Rudys Sprung nicht präzise genug, denn er fliegt nach hinten weg, lediglich durch Leon mit der Lok verbunden. «Ruudy!», kreischt Seraina entsetzt, und Margarethe stockt der Atem. Im nächsten Moment finden Rudys Füsse seitlich an der Lok etwas Halt, und Leon vermag ihn in die Kabine zu hieven. Beide keuchen hörbar. Rudy ist kreidebleich, doch sie haben weder die Zeit noch die Nerven, sich gegenseitig Vorwürfe zu machen, denn die Lok wird jetzt so richtig schnell und beschleunigt unglaublich. Plonk krallt sich am Schwertgriff fest, bereit, seinen Job zu erledigen. «Haltet euch alle fest!», brüllt Leon. Jetzt kommt eine Gerade, und die Beschleunigung stoppt nicht – im Gegenteil, die elektrisch angetriebene Modell-Dampflok donnert mit unvorstellbarer Geschwindigkeit in einen Tunnel hinein.

15

Ab ins Kloster

Als die vier Teenager erwachen, liegen sie erneut auf einer Wiese – doch zu Margarethes Freude ist es eine echte Blumenwiese mit vielen Schmetterlingen. Es ist Frühling und schön warm. Da stutzt sie, denn neben ihr liegt ein Buch… «Was ist das?», fragt Seraina und beugt sich über Margarethes linke Schulter, um das Buch besser zu sehen. – «Etwas über Hildegard von Bingen – interessant, schon das erste Mal in Venedig bin ich nach einer Zeitreise unter einem Berg von Büchern aufgewacht, der mich fast erdrückt hat. Hier liegt Gottseidank nur eines.» – «Eigentlich komisch, dass in London keine Bücher rumlagen», bemerkt Leon. «Wäre noch praktisch gewesen. Ich hätte mich da gerne in die Geschichte eingelesen, aber jetzt sind wir bereits wieder zwei Länder und ein paar Jahrhunderte weitergereist! Diese Art zu reisen ist mir entschieden zu hektisch!» Margarethe seufzt: «Wem sagst du das?»

«Sag schon, was ist das für ein Buch und was steht drin?», drängt Rudy. – «Und wer ist jetzt diese heilige Hildegard? Die müssen wir ja finden, oder?», erkundigt sich Leon bei Margarethe, die bereits eifrig im Buch blättert, während Plonk mit dem Schwert in den Krallen still dahockt. «Hildegard von Bingen lebte 1098 bis 1179, wurde also für damalige Zeiten unglaublich alt», erzählt die Geschichtsbegeisterte, und Seraina, die ihr über die Schultern schaut, flicht mit ebensolcher Begeisterung ein: «Sie empfand sich als <Feder, die sich bewegt, weil der Atem Gottes sie voranträgt> und nannte sich selber *indoctrina*, also Ungebildete, wobei sie damit meinte, dass sie nicht wissenschaftlich ausgebildet war, an einer Uni oder so.» – «Na gut, aber was ist das Besondere an ihr?», möchte Rudy wissen. «Ist ja schön, ist sie so bescheiden, aber alles hat Grenzen, wenn sie so eine Berühmtheit ist!» – «Lass Mäggy doch ausreden!», faucht Seraina. – «Na, dann mal los! Ich verliere langsam die Geduld!», murrt ihr Freund.

«Sie war Naturforscherin, Dichterin, Komponistin, Theologin, Prophetin und Äbtissin», liest Margarethe weiter. – «Sonst nichts?», gluckst Leon etwas ungläubig. «Alles in Personalunion? Nicht schlecht!» – «Ja, und überdies war sie noch Volkspredigerin, das heisst, sie war volksnah, bei den Leuten, hockte nicht einfach im stillen Kämmerlein im Kloster», weiss Seraina. – «Oh Mann, dann war sie aber trotzdem so eine Art Nonne?», entfährt es Rudy. – «Ja, gewiss, aber im 11. und 12. Jahrhundert lebten diese noch nicht abgeschieden von der Welt wie später», erinnert sich Margarethe. – «Das forderten erst später ein paar mächtige, bedepperte Kirchenväter – blöder Patriarchenverein!», enerviert sich Seraina. «Diese Typen wollten die gebildeten Frauen aus der Welt haben, aus dem Weg, damit sie sich selber profilieren konnten.» – «Oder weil sie sie beschützen wollten?», schlägt Rudy vor. – «Ja, du bist ja schliesslich auch so ein berühmter Beschützer, oder eher Besserwisser!», faucht sie ihn an. Hoppla! Besorgt beobachten Margarethe und Leon den Schlagabtausch, oder eher Angriff, seitens Serainas. «Deine Freundin wird ja richtig zur Furie!», flüstert Leon seiner Freundin zu, welche beunruhigt nickt. Hat Seraina jetzt ihren Rudy auf dem Kieker, ganz plötzlich?

«Also, ich habe auch schon gelesen, dass Hildegard als erste Ärztin und Naturforscherin des Mittelalters bezeichnet wird», verfolgt Margarethe wieder den roten Faden, und Seraina lässt sich darauf ein: «Genau, sie hatte Inspirationen und beobachtete und beschrieb das Wesen der Elemente, der Steine, Pflanzen, Tiere und damit auch die Natur des Menschen.» – «Und Naturheilkunde, hattet ihr doch mal erwähnt, oder?», fragt Leon und rückt näher zu seiner Freundin, um ins Buch zu linsen. «Darum sind wir ja überhaupt auf sie gekommen.» – «Richtig, denn sie begriff, wie Krankheit entsteht und erforschte die Ursachen, gab Hinweise zur Ernährung und Hygiene», weiss Seraina. – «Also genau unser Thema», stellt Rudy fest. «Bloss, sind wir jetzt an jenem Ort und in jener Zeit, wo sie gewirkt hat?»

Zerknirscht fügt er leise hinzu: «Ich würde ja zu gern nachsehen auf meiner Landkarten-App, aber ich versuch's gar nicht erst, sonst macht ihr mich wieder fertig!» – «Aber Liebster, das würd ich doch nie tun!», tröstet ihn Seraina scheinheilig und schmiegt sich an ihn. – «Aber irgendeine oder irgendeiner klopft sicher wieder einen blöden Spruch über...» – Und Margarethe fällt ihm ins Wort: «...darüber, dass du hier im Mittelalter sowieso keinen Empfang hast! Ach was, wir sind bestimmt am richtigen Ort zur richtigen Zeit. Wieso sonst wäre dieses Buch hier? Es ist bestimmt das 12. Jahrhundert, und dieses Kloster da am Horizont ist sicher ihr Kloster. Und bitte, lasst jetzt die anzüglichen Bemerkungen; wir haben einen Job zu erledigen.» – «Ha, à propos anzüglich: Hier hab ich noch was Pikantes!», lacht Leon auf und liest aus dem Buch vor: «Geäussert hat sich die Heilige auch zur Rolle der Frau und zur Sexualität.» Die anderen drei rücken näher zu ihm, um einen Blick auf das Buch zu erhaschen. «Lass hören, jetzt wird's spannend!», fordert ihn Rudy heraus. – «Mit ihrer Überzeugung, dass die Frau nicht die Ursache <sittlichen Übels> sei, sondern dass im Gegenteil die sexuelle Lust beim Mann grösser sei, widersprach sie den Theologen ihrer Zeit.» – «Ich sag's ja schon immer, die Männer sind an allem schuld!», platzt Seraina lachend heraus. – «Ja, aber hör doch mal weiter: Den Geschlechtsakt betrachtete sie nicht als blosse Notwendigkeit zur Sicherung der Nachkommenschaft: Wollust und Vereinigung dienten vielmehr der Ganzwerdung von Mann und Frau!» Dazu möchte sich niemand aus der Gruppe äussern, und alle vier erröten sichtbar. Rudy ist der Erste, der spricht: «Hm, ja, das klingt ja schon etwas esoterisch, aber für eine Nonne ist sie schon sehr aufgeklärt!» Seraina knufft ihn unsanft: «Vollpfosten du! Nix esoterisch, das ist doch einfach wunderschön ausgedrückt.» Margarethe versucht, den drohenden Konflikt zwischen Gefühl und Verstand abzuwenden und nimmt Leon das Buch aus der Hand, um weiterzulesen: «Da steht auch, dass sie mit den Grossen ihrer Zeit korrespondierte und Kaiser Barbarossa die Leviten las und auch nicht davor zurückschreckte, mit Päpsten und Erzbischöfen zu schimpfen, wenn sie korrupt waren!» Seraina seufzt versonnen: «Wirklich eine beeindruckende Frau!»

Die Leserin fährt fort: «Hier hat es Auszüge aus ihren Schriften über Kräuterkunde. Wir haben da zum Beispiel den Schierling…» – «…der äusserst giftig war, man denke an den Schierlingsbecher.» – «…und den ich dir jetzt dann verabreiche, Rudy, wenn du nicht die Klappe hältst!», droht Seraina. – «Ja, das war die offizielle Todesstrafe schon im Mittelalter, aber für Verbrecher, nicht Plaudertaschen», fährt Margarethe unbeirrt fort. «Der Schierling wurde aber auch als schmerzstillendes Mittel eingesetzt und als Schlafmittel zusammen mit Opium, Alraune und Bilsenkraut. Also man tränkte Schwämme darin, als Narkose bei chirurgischen Eingriffen.» Fasziniert hört Rudy zu: «Wir kommen der Sache schon näher!» – «Hildegard hat den Schierling sogar selber ausprobiert», liest Margarethe weiter, und Leon lacht: «Also war sie voll auf Drogen, drum wohl so kreativ!»

«Na ja, sie erkannte den Schierling als gefährliche Pflanze und warnte auch davor, sie zu sich zu nehmen. Zur äusserlichen Anwendung fand sie ihn jedoch sinnvoll», liest Margarethe. «Aber bei Schwellungen und Blutergüssen. Das nützt uns hier nichts.» – «Ich habe mal gehört, dass Schierling als Medikament bei Asthma und Keuchhusten verwendet wurde», erinnert sich Seraina. – «Ja, das steht hier auch. Und bei Wundstarrkrampf und als Schmerzmittel.» Leon blickt Margarethe über die Schulter: «Über das Bilsenkraut steht hier, dass es eine der ältesten Giftpflanzen ist, die medizinisch genutzt wurden – bereits im alten Babylon, gegen Zahnschmerzen.» – «Und später für Hexensalbe», wirft Seraina ein, was ihr einen fragenden Blick von Rudy einbringt: «Und was soll das bitte sein?» Sie grinst: «Wenn Hexen fliegen wollten, rieben sie sich mit dieser Salbe ein.» – «Von Zugsalbe habe ich ja schon gehört, aber Flugsalbe...» – «Das liegt daran, dass diese Salbe Halluzinationen hervorruft, und man glaubt, fliegen zu können», erklärt Seraina, und Leon liest: «Hildegard verwendete das Kraut bei Geschwüren und Entzündungen. Das ist eine heisse Spur!» – «Und gegen die Trugbilder haben wir den Farn», entnimmt Margarethe dem nächsten Abschnitt. «Der Teufel flieht diese Pflanze... sie vertreibt <Fantasias>, hält Blitz und Donner ab – ganz praktisch, dieser Farn.» – «Und die Tollkirsche nützt uns leider auch nichts gegen unser Virusbakterium», seufzt Leon, als er weiterliest. – «Was machen wir jetzt?», wirft Margarethe in die Runde. Seraina hat eine Idee: «Fragen wir sie einfach! Ich hätte Lust, die heilige Hildegard persönlich kennenzulernen!»

«Keine schlechte Idee», pflichtet ihr Leon bei. «Sie könnte uns sicher weiterhelfen mit der Arznei, denn selber mixen ist so eine Sache.» – «Ach, wenn wir genau abmessen, kriegen wir das schon hin», zeigt sich Rudy zuversichtlich, jedoch äussert seine Freundin Einwände: «Weisst du, im Mittelalter steckt bei solchen Rezepten auch ein Stück Magie drin – man muss das aufkochen und ziehen lassen, bei Vollmond beispielsweise, oder die Kräuter müssen zu einem bestimmten Zeitpunkt gepflückt werden. Ohne das spezielle Hintergrundwissen kriegen wir das nicht hin.»

Rudys zweifelnder Blick spricht Bände. Seraina legt ihren Kopf auf seine Schulter: «Na, was ist, Rudolfino mio? Du scheinst nicht überzeugt zu sein.» Nachdenklich antwortet er ungewohnt langsam: «Mir ist da zu viel Magie im Spiel und zu wenig Wissenschaft.» – «Ach was, die Hildegard hat fundiert recherchiert und ausprobiert, die weiss, wovon sie spricht.» – «Wenn sie dann mit uns spricht!», gibt Leon zu bedenken. – «Und warum sollte sie das nicht?», fragt Seraina scharf. – «Weil wir seltsame Leute aus einer anderen Zeit sind. Wir werden vermutlich nicht mal vorgelassen.» – «In ein Kloster kann ja nicht jeder reinlatschen», bemerkt Rudy mit Seitenblick zu Margarethe. «Unsre Mäggy kann da sicher ein Lied davon singen, war doch in einem früheren Leben selber eine Nonne, oder?» – «Na echt jetzt?», macht Leon und starrt seine Freundin ungläubig an. «Das ist ja vielleicht abgefahren!» Seraina kichert geheimnisvoll, und ihre Blicke treffen sich: «Deine Braut ist eine ganz Wilde, weisst du!» – «Da kenne ich aber noch eine!», gibt er amüsiert zurück und zwinkert Seraina zu.

Margarethe räuspert sich und erntet volle Aufmerksamkeit. «Ähem, ich schlage vor, Raina und ich gehen Hildegard von Bingen aufsuchen. Mit uns Frauen spricht sie am ehesten.» – «Aber da müsstet ihr euch noch die passende Kluft zulegen», rät Rudy. «Und unsre Mäggy geht bestenfalls als Junge durch, mit ihrer neuen Frisur.» Die Angesprochene seufzt und schickt Leon einen vorwurfsvollen Blick. Dieser wehrt gestikulierend ab. «Ja, ja, ich weiss, alles meine Schuld, aber keine Panik, Leute, mit Schleier sieht man das doch gar nicht.» – «Und wo sollen wir Schleier auftreiben, wo wir schon seit Tagen in unsren stinkenden Kleidern stecken und nicht mal Lumpen finden, weil alle Leute jahraus, jahrein immer die gleichen Fetzen am Leib haben?», fragt Seraina schnippisch.

«Was mir mehr Sorgen bereitet...», fängt Leon an, und alle Augen wenden sich ihm zu, «...ist das mit der Keuschheit.» – «Wovon faselst du jetzt wieder?», fragt Rudy entnervt. – «Na, von wegen Kloster und so; vielleicht hilft sie nur, wenn sich unsre Bräute als Nonnen verpflichten!» Seinem Gesicht ist nicht anzusehen, ob er es ernst meint oder ironisch. – «Geht's noch?!?», ruft Seraina aus. «Das kommt gar nicht in die Tüte!» Margarethe schmunzelt, und ihre Freundin stösst sie an: «Oder willst du insgeheim schon lange ins Kloster, dein Leben der ewigen Jungfräulichkeit weihen?» – «Nein, ich dachte nur grad, das wäre im Moment noch nicht ein Problem. Oder hab' ich da was nicht mitgekriegt?»

Verwirrt schweigen die andern drei für ein paar Takte, und Margarethe setzt einen drauf: «Wir sind alle super darin, anzüglich herumzuflachsen, aber wenn es zur Sache geht, sind wir eigentlich noch alle ziemlich unschuldig – oder?» Rudy nickt selbstzufrieden, Seraina errötet, und alle Blicke richten sich auf Leon. Als er sich dessen bewusst wird, fängt er an, herumzustottern: «Also... was... ich meine… was schaut ihr alle mich an? Nur weil ich der Älteste bin?» – «So, raus damit!», fordert ihn Rudy heraus, und Seraina doppelt nach: «Wenn einer so attraktiv ist, hat er sicher an jedem Finger eine Ex-Freundin, und dazu eine lange Warteliste!» Jetzt ist die Reihe an Leon, rot zu werden. «Müssen wir das in aller Öffentlichkeit diskutieren? Ich meine, das ist eine Sache zwischen Mäggy und mir!» Diese erwidert frech: «Vor meinen besten Freunden habe ich keine Geheimnisse, die erfahren das eh früher oder später!» Denn jetzt wird es wirklich interessant, und die Frage, die sie sich nicht zu stellen getraut hatte, brennt ihr unter den Nägeln. Jetzt kann sie ihren Leon festnageln! Leon steht auf, blickt in die Ferne und beginnt herzhaft zu lachen. Dann wird er still und blickt auf die drei Teenager hinab, die zu seinen Füssen hocken und gespannt auf eine Antwort warten: Jetzt fehlt ihm definitiv eine Krone, denn seine Mähne, die im Wind leicht flattert, seine leuchtenden Augen, die gütig und tiefsinnig blicken, und sein leicht angespannter muskulöser Körper wirken in diesem Moment majestätisch. «Es kommt darauf an, ob bei eurer Zählweise frühere Leben dazugehören oder nicht.» Leons Antwort verblüfft die Anwesenden dermassen, dass Nachbohrungen unterbleiben. Und der Ernst in seiner Stimme verrät, dass der junge Löwe niemandem einen Bären aufbindet.

* * *

Die vier Teenager wollen einerseits keine Zeit verlieren, andererseits haben sie auch körperliche Bedürfnisse: Essen und sich endlich wieder einmal waschen. Zumindest die Mädchen drängen auf eine kurze Badepause. «Ganz egal, ob die Zeit drängt; ich muss mich einfach mal wieder waschen, und wir können schliesslich nicht die Nonnen anstinken!», erklärt Seraina und blickt zu einem Flüsschen, das unweit ihres Lagerplatzes munter durch die Wiesen plätschert, umgeben von einer mit Büschen bewachsenen Uferböschung. – «Gute Idee, ich fühle mich auch ziemlich stinkig!», stimmt ihr Margarethe zu. Leon zieht eine Augenbraue hoch, und Rudy errötet, als beide Mädchen ihre Kapuzenpullover, beziehungsweise -jacke ausziehen und in Richtung Wasser eilen. Seraina dreht sich nochmals um zu den Jungs und droht ihnen mit dem Zeigefinger: «Ihr zwei bleibt schön hier, bewacht das Schwert und haltet Abstand, bis wir fertig sind!» – «Warum baden wir nicht alle zusammen?», ruft ihr Leon hinterher. – «Vergiss es! Das hättest du gerne!» – «Oder wenigstens paarweise?», fragt er hoffnungsvoll. Davon jedoch wollen die Mädchen auch nichts hören. Im Schutz der Büsche ziehen sie sich aus und baden in dem untiefen Flüsschen, das kleine Becken bildet, in denen man wie in einer Badewanne sitzen kann. Aber kalt ist es! «Brrr, das halte ich nicht lange aus!», gesteht Margarethe, huscht aus dem Wasser und trocknet sich mit ihrer Jacke ab, um unverzüglich wieder in ihre Kleider zu steigen. Seraina ist etwas später aus dem Wasser und schafft es gerade noch, ihre Jacke an sich zu raffen und ihre Blösse zu bedecken, als zwei vertraute Haarschöpfe über den Büschen auftauchen. «Hee! Haut sofort ab; das ist unerhört!», beschwert sich Seraina, und die schon halb angezogene Margarethe stellt sich vor sie, um sie vor den Blicken abzuschirmen: «Was fällt euch ein?» Kichernd wie kleine Buben ducken sich ihre Freunde hinter die Büsche. – «Na wartet, wenn ihr badet, dann schauen wir auch zu!», droht Seraina, was Leon mit anzüglichen Lachen quittiert: «Ich hab da kein Problem!» Rudys zweifelnder Gesichtsausdruck zeigt, dass er anderer Meinung ist.

Entrüstet über die unverschämten Voyeure schlängelt sich Seraina durch die Büsche und wirft den Jungs, die schuldbewusst warten, finstere Blicke zu. «Wir-wir wollten doch nur sichergehen, dass ihr nicht beim Baden überfallen werdet!», verteidigt sich Rudy und deutet auf den grinsenden Leon. «Ausserdem war es seine Idee!» – «Rache ist süss!», verspricht Margarethe, welche über ihre Bodyguards mehr amüsiert als verärgert ist. Nun ist die Reihe an den Jungs, das lang ersehnte Bad zu nehmen. Rudy behält seine Unterhose an, weil er sich auch vor Leon schämt, nackt ins Wasser zu steigen. Als beide bis zum Bauch im Wasser sind, rufen die Mädchen im Chor «Kuckuck!» und spähen schamlos über die Büsche, wofür ihnen Protestgeheul entgegenschlägt. «Der arme Rudy!», kichert Margarethe. «Komm, wir lassen die zwei in Ruhe!» Seraina flüstert: «Willst du nicht sehen, was dein Liebster zu bieten hat?» Ihre Freundin schüttelt schmunzelnd den Kopf: «Im kalten Wasser trügt der Schein! Lass jetzt dein Rudylein, du Voyeuse!»

Als alle wieder trocken sind, suchen sie nach etwas Essbarem. – «Sonst werden die Jungs stinkig!», bemerkt Seraina grinsend – und finden Himbeeren und wunderbar süss schmeckende wilde Heidelbeeren. «Bist du sicher, dass wir uns damit nicht vergiften?», äussert Rudy seine Zweifel, aber Seraina kennt sich aus, und so essen sich die vier satt an den Waldfrüchten.

Schliesslich einigen sie sich, dass Margarethe und Seraina zu zweit die Äbtissin aufsuchen. Das scheint allen zielführend. Als wäre ihm soeben etwas wieder eingefallen, greift Leon in seine Hosenbeintasche: «Ich hab hier noch was!» – «Was zu essen?», erkundigt sich Rudy interessiert. – «Oder ein Schutzamulett?», fragt Seraina neugierig. «Machs nicht so spannend, du Taschenspieler!» Er geniesst die Aufmerksamkeit und weidet sich an der Neugier der anderen. «Ich habe hier etwas, um Zeit zu sparen. Bezüglich dem Frauenthema <Ich hab nichts anzuziehen!>.» Margarethe nickt: «Ich glaube, ich weiss, was er meint.» Süffisant lächelnd zieht der Löwen-Junge ein kleines zusammengerolltes Stoffpäckchen hervor, das Rudy misstrauisch beäugt: «Was für Stoff hast du denn da?» – «Frisch aus der Speicherstadt von Hamburg!», erklärt Leon triumphierend und entrollt das Päckchen, das sich als feiner, durchsichtiger, türkisblauer Seidenstoff entpuppt. «Genial!», findet Seraina. «Genau das, was uns gefehlt hat!» – «Oje, jetzt nehmen sie doch den Schleier!», jammert Rudy spielerisch in Anspielung auf die alte Bezeichnung des Aktes, wenn eine Frau sich für's Klosterleben verpflichtet. Die Mädchen breiten den Stoff auseinander, der gross genug ist für zwei ordentliche Kopfschleier, die auch die Schultern so weit bedecken, dass ihre allzu moderne Bekleidung nicht so gut sichtbar ist. Dank Leons Taschenmesser können sie die Seide sachte entzweischneiden. «Sieht irgendwie noch elegant aus», findet Seraina, als sie und Margarethe einander dabei helfen, das Tuch um ihre Köpfe zu drapieren. «Wow, Mäggy, du siehst ganz edel aus! So kenn' ich dich gar nicht!» Diese erwidert das Kompliment staunend: «Raina, der helle Wahnsinn, du bist voll das Edelfräulein! Und die Farbe steht dir so gut!» Das finden auch die Jungs. «Bezaubernd, unsre Damen!», lobt Leon und fügt hinzu: «Obwohl ich für meine Süsse besser Braun oder Safrangelb gewählt hätte, das passt so gut zu deinen Augen!» Er blickt ihr tief in die genannten, und sie kontert: «Damit willst du wohl sagen, Türkis stehe mir nicht! Stimmt wohl auch!» – «Ach, es erinnert mich an den endlosen Ozean, und das Meer steht dir auf jeden Fall!», erwidert er und drückt seine Mäggy fest an sich. «Hee, du bringst mir meinen Schleier durcheinander!», protestiert sie lachend.

Rudy ist derweil versunken in der Betrachtung seiner Liebsten, die er buchstäblich mit anderen Augen sieht: weil sie mit dem blaugrünen Schleier, der ihr Gesicht einrahmt, eine ganz andere Ausstrahlung hat. Ihr Gesicht wirkt noch blasser, fast durchsichtig, ihre dunklen Augen noch tiefer und mysteriöser unter den langen Wimpern, ihre Lippen schimmern dunkelrot, und ihr Haar glänzt geheimnisvoll, wo seine Strähnen unter dem Tuch hervorschauen. «Raina sieht aus wie eine Fee, eine Zauberin!», spricht Margarethe voller Ehrfurcht, und Leon nickt: «Ich sagte bereits, die Braut ist magisch!» Er beeilt sich hinzuzufügen: «Und mein Ravenheart natürlich sowieso!» Die Farbe des Schleiers scheint sich in Rudys Augen zu spiegeln, welche mehr als sonst leuchten, als wäre er verzaubert, und Seraina nimmt ihrem Freund die Brille ab: «Ich möchte dir nochmals tief in die Augen blicken, bevor wir uns trennen.»

Die beiden Verschleierten verabschieden sich einerseits schmerzlich von ihrem jeweiligen Freund. Doch andererseits sind beide auch froh, wieder einmal Zeit zu haben, sich unter Mädchen auszutauschen, ohne dass die Jungs zuhören. «Oh Mann, endlich sind wir die Typen mal los für eine Weile!», entfährt Seraina ein Stossseufzer. Margarethe mustert sie verwundert von der Seite: «Warum denn, nerven dich unsre Liebsten denn so?» – «Ach, es ist einfach so ungewohnt, plötzlich… dass wir beide einen Freund haben!» Margarethe legt ihrer Freundin einen Arm um die Schulter. «Ist doch schön, dass wir beide gleichzeitig einen Partner gefunden haben! Stell dir vor, eine von uns hat einen Typen, und die andere ist solo. Das wäre doch blöd!» Seraina nickt. «Stimmt, das ist wahr. Und doch: Plötzlich ist alles so kompliziert.» – «Inwiefern denn kompliziert?» – «Na, ehrlich gesagt, habe ich Mühe, dass ich nicht mehr machen kann, was ich will! Dauernd redet mir einer drein!» Ihre Freundin lacht: «Aber Rudy hat doch schon immer überall seinen Senf dazugegeben, das ist beileibe nix Neues!»

Nachdenklich schweigt Seraina einen Augenblick, dann seufzt sie: «Ich weiss… und jetzt, wo wir zusammen sind, fühle ich mich bevormundet und eingeengt.» Verdutzt entgegnet Margarethe: «Wieso das denn? Mir scheint es eher, dass eher du ihn zurechtweist – nicht umgekehrt!» – «Im Ernst jetzt?», fragt Seraina mit ungläubig aufgesperrten Augen. «Tu ich das wirklich?» Ihre Freundin druckst herum, weil sie nicht so gern direkt Kritik übt: «Na ja… ich finde, du bist manchmal ein bisschen… na, wie soll ich sagen, forsch, oder auch aggressiv!» – «Ich bin NICHT aggressiv!», ereifert sich Seraina und besinnt sich dann: «Oder vielleicht doch?» – «Aber liebst du Rudy?», wagt Margarethe die Gretchenfrage. Wie aus der Pistole geschossen, antwortet Seraina: «Natürlich liebe ich ihn! Schon so lange!» Aufatmend lächelt ihre Freundin: «Da bin ich aber froh! Ich bin so glücklich, dass ihr euch gefunden habt! Pest sei Dank!»

Unterwegs finden Margarethe und Seraina noch mehr Heidelbeeren, zudem auch noch Walderdbeeren und Preiselbeeren am Wegrand. Davon pflücken sie, was sie kriegen können. Sie fürchten, dass die Kost im Kloster eher karg ausfallen wird. Zudem haben sie in den letzten Tagen nicht allzu üppig tafeln können. Was nicht sofort in den Mund passt, bleibt in der Hand, als Wegzehrung: berries to go.

Schweigend gehen sie einen Augenblick nebeneinander und essen die Beeren auf. Seraina bemerkt, dass ihre Freundin etwas auf dem Herzen hat: «Mäggy, was ist mit dir?» – «Wieso, was soll mit mir sein?» Seraina sucht den Blick ihrer Freundin, welche auszuweichen versucht. «Bist du nicht glücklich mit deinem tollen Leon?» Die beiden sehen sich in die Augen. Zögernd fängt Margarethe an: «Doch, ich bin sehr glücklich… und ich bin erleichtert, dass zwischen dir und Rudy alles im grünen Bereich ist.» – «Warum auch nicht? Wir kennen uns schon so lange… du kennst ja den Oldie <Tausend Mal berührt>! Das ist bei uns auch so!» Sie lächelt versonnen. – «Das ist gut», bemerkt Margarethe halbherzig, und Seraina entgeht nicht der Zweifel in ihrem Tonfall. «Du hast doch etwas auf dem Herzen!» – «Ach, nichts… ich denke nur, irgendwie haben sich die Paare seltsam zusammengewürfelt!» – «Wieso das denn? Es war schon lange klar, dass Rudy und ich zusammengehören, es war nur eine Frage der Zeit, wann er es endlich begreift!», ereifert sich Seraina. «Er ist zu schüchtern, und ich hatte lang den Mumm nicht, die Initiative zu ergreifen.» – «Schon, aber seit Leon im Spiel ist, bin ich mir nicht mehr sicher», grübelt Margarethe. – Seraina reisst wieder ihre dunklen Augen auf. «Du meinst aber nicht etwa…», fassungslos starrt sie ihre Freundin an, «…dass ich lieber mit Leon zusammen wäre?» – Margarethe senkt ihren Blick. «Na ja, ihr seid beide hübsch und forsch und habt so eine wilde Energie.» – «Na und? Dadurch, dass er dein Freund ist, also in festen Händen, getraue ich mich, mit ihm unkomplizierter umzugehen. Das ist alles.» – «Hä?» – Seraina lacht: «Weil ich kein Risiko eingehe bei ihm, bin ich so frech! Der ist deiner, und der ist auch kein Schlawiner, den man einfach so erobern könnte! Keine Chance!» – «Aber ihr flirtet doch die ganze Zeit!», wendet Margarethe ein. «Am Anfang fand ich es ja noch lustig, aber unterdessen…» Jetzt umarmt Seraina ihre Freundin herzlich: «Liebes, um Himmels Willen! Hattest du Angst, ich wolle dir deinen Liebsten ausspannen! Würde ich doch nie tun! Ich find ihn einfach nett! Das ist alles!» – «Ehrlich?» In Margarethes Augen spiegelt sich Erleichterung. – «Natürlich ist er nett! Er ist supersüss! Umwerfend hübsch und lustig. Aber meinen superklugen Rudy find ich süsser!»

16
Eine Lektion in Kräuterkunde

Als die Mädchen aufgebrochen sind, erleben die Jungs zum ersten Mal die Situation, dass sie miteinander allein sind. Erst suchen sie sich noch mehr zu essen. Sie finden Brombeeren, noch mehr Himbeeren und sogar Pilze, welche Rudy misstrauisch beäugt, aber Leon kennt sich bei Letzteren gut aus. Nach dem Verzehr ihrer Beute betreiben sie Small Talk, aber es fühlt sich für beide so an, als umkreisten sich zwei Raubtiere. Vielleicht handelt es sich wirklich um einen Kampf der Platzhirsche, die ihr Territorium erobern oder zumindest gegen einander abgrenzen wollen. Aber müssen sie das wirklich? Es kommt beiden Jungen vor wie ein Wettbewerb: Wer gibt zuerst nach? Wer gewinnt? Wer wendet den Blick zuerst ab? Dabei sitzen sie nur auf grossen Steinbrocken. Weit weg zu gehen wagen sie nicht, weil sie fürchten, die Mädchen würden sie dann nicht mehr finden. Der Rabe Plonk hat derweil selbst seine Rolle gewählt als Beschützer der Mädchen und kreist hoch über ihnen am Himmel, wobei er auch die Jungs im Blickfeld hat. Das Schwert haben Leon und Rudy zur sicheren Verwahrung.

Leon ist es, der das Eis bricht: «Hey, Rudy, ich finde, du hast echt was drauf!» Ungläubig starrt ihn der Angesprochene an. «Ja, ich meine das ernst. Du hast immer so gute Ideen!» – «Verarschst du mich jetzt?», erwidert Rudy misstrauisch, und Leon reagiert verwirrt: «Nein, natürlich nicht!» Treuherzig fährt er fort: «Du bringst die Dinge immer auf den Punkt. Das finde ich echt cool! So analytisch.» – «Aber ich ernte vor allem Spott und Hohn», erwidert Rudy. Leon seufzt: «Jaja, Undank ist der Welten Lohn! Einer hat immer den undankbaren Job. Tut mir leid, dass du den Schwarzen Peter gezogen hast!» Nachdenklich betrachtet Rudy seinen Nebenbuhler. Oder zumindest wird ihm jetzt klar, dass er Leon als solchen empfunden hat. Dass er jetzt unter vier Augen plötzlich die Hand ausstreckt zum Friedensangebot, verwirrt und rührt ihn gleichermassen. Ein bisschen misstrauisch bleibt er, als er antwortet: «Wem sagst das! Und ich bin es gewohnt, einer der <Uncoolen> zu sein. Der Kleine eben. Den alle fertigmachen.» – «Darum hast du ja auch zwei weibliche Bodyguards!», grinst Leon. Rudy faucht: «Genau das meine ich!» Der andere wehrt ab mit erhobenen Händen: «Nein, das war nur ein blöder Spruch; ich wollte dich nicht verletzen! Aber ich kann mir vorstellen, dass es dir geholfen hat, dass du von zwei Mädchen flankiert wurdest. Da könnte ich echt neidisch werden; diese Erfahrung durfte ich nie machen!» Jetzt ist es wieder an Rudy, ungläubig dreinzuschauen. «Aber du, mit deinem… naja, guten Aussehen, mit deinen Muskeln, du hast ja sicher Erfolg bei den Frauen!», bemerkt er mit einer Spur von Neid in seiner Stimme. Leon lacht auf: «Von wegen! Ich bin eher ein Einzelgänger, schwimme nicht gern mit dem Strom, und zu den Supercoolen gehöre ich sowieso nicht.» – «Hätte jetzt gedacht, du bist einer dieser In-Typen, dieser Trendsetter.» – «Ganz im Gegenteil! Meine Schulkollegen fanden mich schon immer etwas schräg. Am besten war es noch in Kenya; die Jungs in der Schweizerschule waren irgendwie alle ähnlich drauf wie ich – der Busch schweisst die Leute zusammen. Schlimm war es in Amerika, an so einer deutschen Schule für Kinder von reichen Expats. Die waren sowas von voll arrogant. Weil ich mit Tieren spreche und so gern in der Natur bin, fanden sie mich doof und bedachten mich mit bösgemeinten Übernamen – Leonandertaler, Höhleonbewohner und so. War mir aber Wurscht, also, eigentlich sah ich es als Kompliment an. In der Schweiz, am Gymi Sämiwüehl, ist es irgendwie einfach nur schräg. Meine Mitschüler kennen viele Länder nur aus den Ferien in irgendwelchen Luxushotels und haben daher viele Vorurteile. Wenn ich dann gewisse Sachen zurechtrücke, wenden sie sich einfach ab oder zeigen mir den Vogel. Also, In-Typ… definitiv nicht.»

Die beiden schweigen einen Augenblick und fühlen sich schon deutlich wohler mit ihrem Gegenüber. Rudy ist es, der dann das Gespräch in eine andere Richtung lenkt: «Und du bist nun Mäggys Freund», stellt er fest. – «Yepp! Und ich hoffe, das ist für dich kein Drama!» – «Wieso? – «Weil du Mäggys bester Freund bist. Oder Bruder!» Verdutzt blinzelt Rudy. «Wie kommst du denn darauf?» – «Hat mir Mäggy erzählt. Weil ich dachte, du seist vielleicht ihr Ex.» Rudy lacht, und dabei strahlt er vor Freude: «Mäggy ist schon ganz lange eine wichtige Freundin für mich, also eher so ein Kumpel; aber eigentlich stimmt es, sie ist irgendwie schon wie eine Schwester.» – «Und Raina gehört auch schon seit jeher zu eurem goldenen Dreieck?», erkundigt sich Leon neugierig. – «Nein, Raina haben wir erst im Gymi kennengelernt. Mäggy und ich waren schon zusammen in der Primarschule.»

«Ach so», macht Leon. – «Sie gefällt dir auch, gell?», fordert ihn Rudy heraus. Leon blickt ihm verwundert in die Augen. «Ja klar, Raina ist eine hübsche Frau, ohne Zweifel!» Dann besinnt er sich: «Aber mach dir bloss keine Sorgen, ich bin in festen Händen!» – «Und doch flirtest du ungeniert mit ihr!» – «Aber ja! Sie ist Mäggys beste Freundin, und Mäggy ist meine Braut, also bestehen da doch keinerlei Probleme!» Rudy atmet erleichtert auf, und Leon lacht: «Dachtest du im Ernst, ich wolle dir deine wunderschöne Raina ausspannen? Würde mir nicht im Traum einfallen! Zudem passt sie nicht zu mir, sondern zu dir.» Augenzwinkernd fügt er hinzu: «Und das nicht nur rein optisch, weil sie einen Schleier in der Farbe deiner Augen trägt!»

* * *

Den beiden Mädchen ist es schon etwas mulmig zumute, gleich der berühmten Mystikerin aus dem 11. Jahrhundert gegenüberzutreten. Für beide ist es nicht die erste Begegnung mit einer Nonne, aber da sie schon so viel von Hildegard von Bingen gehört haben, sind sie von Ehrfurcht erfüllt. Als sie schon fast beim Kloster sind, beraten sie nochmals. «Was genau sollen wir sie fragen?», fängt Margarethe an. «Wir können ja nicht einfach mit der Tür ins Haus fallen.» – «Na, wir zeigen ihr das Rezept und fragen sie, ob sie uns das Mittel mixen kann. Als Kräuter- und Heilkundige ist sie sich sicher gewöhnt, dass Leute zu ihr pilgern und Rat suchen», vermutet Seraina. – «Also doch gleich die Tür-Variante?» – «Unbedingt! Sonst fängst du nur an, von Zeitreisen zu faseln, verstrickst dich in deinen Worten, und dann wird sie misstrauisch!» – «Du traust mir wieder gar nix zu!», brummt Margarethe, und Seraina lacht dreckig, um zu signalisieren, dass sie es nicht so ernst meint. Aber da lacht offenbar noch jemand: Plonk gibt ihnen durch ein Krächzen zu verstehen, dass er über sie wacht. Margarethe sieht, wie sich ihr Rabenfreund hoch oben auf der Mauer niederlässt, die das Gelände umgibt. Ihn in ihrer Nähe zu wissen, verleiht ihr ein Gefühl von Sicherheit.

Nun stehen die Mädchen vor dem Tor des Klosters. Um das Gemäuer herum sind Gärten angelegt, und eine Klosterfrau arbeitet in einem Blumenbeet. Ihr schwarzer Habit verrät sie als Bewohnerin des Klosters. Sie trägt einen schwarzen Schleier und darunter eine weisse Haube, welche ihre Haare und ihren Hals komplett bedeckt.

Die Teenager zögern, bevor sie durch das weit offenstehende Tor in den Innenhof treten. Sie bleiben stehen und grüssen die Frau schüchtern, welche den Kopf wendet und die beiden anlächelt. «Gegrüsset seid ihr, Jungfrouwen!» Margarethe ist froh, dass sie dank Leons weiser Voraussicht einen Schleier hat, der ihre für eine Frau zu kurzen Haare versteckt. Auch Seraina hat ihr langes dunkles Haar bedeckt, weil es damals für Frauen unschicklich war, sich mit offenen Haaren in der Öffentlichkeit zu zeigen. Immerhin galten Mädchen mit sechzehn Jahren bereits als erwachsen, zumindest im heiratsfähigen Alter. Im Angesicht der züchtig verhüllten Klosterfrau drapieren die beiden Besucherinnen ihre behelfsmässigen Schleier dichter um ihr Gesicht, um nicht unangenehm aufzufallen.

«Edle Frau, wir möchten der hochehrwürdigen Hildegard von Bingen unsre Aufwartung machen», spricht Seraina feierlich. Die Nonne lächelt: «Im Garten weilt unsere grosse Herrin, sie sucht Inspiration bei den Blumen. Kommt, ihr Jungfrouwen!» Margarethe tuschelt mit Seraina: «Woher will sie das wissen?» Diese kichert: «Junge Frauen, meint sie. Alles andere ist Spekulation!» Sie folgen der Klosterfrau durch das Tor in den Hof, in welchem ein grosser, labyrinthartig angelegter Blumen- und Kräutergarten spriesst. «Wunderschön!», ruft Seraina begeistert, und die Frau strahlt. «Wir mögen die Blumen, daher haben wir auch ausserhalb der Mauern einen Garten angelegt, damit auch andere Leute sich an der Pracht erfreuen», erklärt sie. «Dies hier ist unser Kräutergarten; hier gedeihen Heilpflanzen, aber auch Kräuter zum Würzen der Speisen.» – «Das ist grossartig!», schwärmt Margarethe. «Rosmarin, Salbei, Pfefferminze…» – «Beifuss, Schafgarbe, Lavendel, Kamille…», fügt Seraina hinzu, und ihre Freundin staunt: «Du kennst dich da besser aus als ich; ich kenne nur die Normalo-Pflanzen!» – «Kräuter haben mich schon immer fasziniert; vielleicht war ich in einem früheren Leben ja Nonne hier!», grinst Seraina und zieht den Schleier enger um ihr schmales Gesicht.

Unterdessen sind sie mitten im Labyrinth angelangt unter Führung der vermutlichen Torwächterin. Mitten in der Blütenpracht – denn in der Mitte des Labyrinths ist ein Rosengarten – kniet eine Frau, deren Schleier verrutscht ist und einen wilden Haarschopf freigibt. Die Sonne fällt auf ihre Strähnen, welche golden leuchten, und inmitten der Rosen sieht sie aus wie ein Fabelwesen. «Eine Rosenfee!», haucht Seraina. Beide Mädchen spüren, dass eine magische Kraft von der Frau ausgeht, die mit ihrem dunklen Umhang mitten im Blumenmeer kauert, als habe sie selbst dort Wurzeln geschlagen. «Edle Mutter, Ihr krieget Besuch», kündigt die Torwächterin die beiden Mädchen an, und Hildegard von Bingen wendet ihnen ihr verschmitzt lächelndes Gesicht mit blitzenden Augen zu. Sie sieht so ganz anders aus, als sich Margarethe eine Nonne und Mystikerin vorgestellt hatte. «Sie wirkt kein bisschen vergeistigt oder weggetreten», flüstert sie, und Seraina nickt: «Sie ist voll da, in der Natur, wie ein Waldgeist. Wahnsinn!» Unerwartet sind die Worte, die Hildegard an die Mädchen richtet. «Bringet mir doch bitte mal das Schüfelin, seid so gut!», ruft sie, und verwirrt drehen sich die Besucherinnen um. Seraina erspäht eine Schaufel am Boden und reicht das Werkzeug der Gärtnerin, denn wie eine solche wirkt sie in der Tat. Eine Zeit lang macht sie sich an den Rosen zu schaffen, dann greift sie zu einem grossen Messer mit einer dramatisch anmutenden Handbewegung – Zack!, – schneidet zwei Rosen ab – eine lachsrosarote und eine gelbe. Jedem Mädchen überreicht sie eine Blüte. Die beiden sind verwirrt und gerührt gleichermassen. «D-d-danke!», stottert Margarethe, und Seraina spricht feierlich: «Danke, edle Mutter!» Ebenso unerwartet bricht Hildegard in ein lautes, befreiendes Gelächter aus, das so überhaupt nicht zu einer Klosterfrau zu passen scheint. Es ist übermütig und laut und äusserst ansteckend. Ein Gockel ruft sein Kikeriki, als wolle er antworten, und die beiden Mädchen stimmen in das Lachen ein.

Das ist ja eine lustige Zeitgenossin, denkt sich Margarethe, aber sie stutzt, als die berühmte Klosterfrau zu sprechen beginnt: «Eine Medizin ist Euer Begehr, Ihr weitgereisten Jungfrouwen aus einer anderen Zeit.» Die Mädchen tauschen irritiert Blicke aus, und Hildegard fährt fort: «Gesehen habe ich Euch schon lange in einer Vision. Ich sah einen Mann von solch hohem Wuchs, dass er von der obersten Höhe der Himmelswolken bis hinunter in die

Abgründe reicht. So stand er da. Von seinen Schultern an ragte er über die Wolken hinaus in den strahlendsten Äther… ich habe dieses Gesicht in meinem Buch niedergeschrieben, dies ist nur der Anfang. Dieser Mann schaute nach Osten und Süden. Sein Antlitz aber strahlte von solcher Herrlichkeit, dass ich es nicht voll und ganz anzuschauen vermochte. Vor seinem Munde ballte sich eine blendendweisse Wolke zu einer Art Posaune zusammen; sie war erfüllt vom Klang einer geschwind aufbrausenden Musik.» Fasziniert lauschen die Mädchen ihrer Erzählung. «Jedesmal, wenn dieser Mann dort hineinblies, sandte sie drei Winde aus: Der eine trug eine Feuerwolke über sich, der andere eine Sturmwolke, der dritte einen Lichtwolke… aber ich erzähle das nun wieder, weil der Wind sich vom Osten nach Süden hin ausbreitete. Und ich weiss, dass Ihr gen Süden gereist seid», schliesst Hildegard. Verwirrt schauen die Mädchen zu ihr, und Seraina stammelt: «St-stimmt, wenn man es genau überlegt. Wir reisten nach Süden, in einer Art Wolke, könnte man sagen, Italien liegt südlich von unserer Heimat.» Hildegard nickt: «So höret, dass diese Vision sich auf den Schöpfer bezieht, dessen Wege vorgezeichnet sind. Die Feuerwolke brachte eine Schar feuriger Lebewesen, und der Wind, der die Sturmwolke trug, führte diese vom Süden bis zum Westen.» – «Aber wir waren doch in London, das wäre dann eher nördlich», wendet Margarethe ein. Hildegard schüttelt ihren Kopf: «Höret weiter: Der Wind schliesslich, der die Lichtwolke trug, zog diese mit sich hin vom Osten bis zum Norden. Doch nun stieg vom Westen her schwarze Finsternis in mächtiger Dichte und mit grossem Schrecken herauf und stellte sich in wachsender Ausdehnung der lichten Wolke entgegen.» Seraina zuckt zusammen und flüstert ihrer Freundin zu: «Pandemios!» Während die Seherin weiterspricht, driftet Margarethe ab, denkt an den finsteren Magier und hat Mühe, sich auf die Worte zu konzentrieren, die sie einzulullen scheinen. Sie wird hellwach, als sie von Sonne und Mond hört. «In der Sonne stand ein Löwe, im Mond ein Steinbock.» Ein

Löwe! Etwa Leon? Aber wer ist der Steinbock? Sie fühlt sich in einem Dämmerzustand, als hätte sie ein Betäubungsmittel getrunken. Jetzt aber stellt sie fest, dass sie tatsächlich einen Tonbecher in der Hand hält, dessen Inhalt nach Lavendel duftet. Offenbar hat Hildegard sie bewirtet, ohne dass sie es bemerkt hat. Sie weiss nicht, wie lange sie dasteht und dem murmelnden Erzählfluss lauscht, welcher ihr scheinbar bekannte Szenen schildert, die dann wieder fremd sind und erneut ins Vertraute wechseln. Ein Seitenblick zu Seraina zeigt ihr, dass diese mit ungeteilter Aufmerksamkeit an den Lippen der Seherin hängt.

Nach endlos lang erscheinender Zeit, in der die Sonne untergegangen ist, fordert die Erzählerin die Mädchen auf, mitzukommen. Schweigend folgen sie ihr. Sie führt sie ins Klostergebäude hinein, in den Esssaal, wo sie eine Schüssel mit Gemüsesuppe serviert bekommen. Da auch die anderen Nonnen, die um den Tisch sitzen, schweigen, verzehren sie ihr Abendessen schweigend. Die Suppe schmeckt wunderbar. Das Gesagte aber beschäftigt Margarethe, und sie würde gerne mit Seraina darüber sprechen. Diese scheint aber wie in Trance zu sein, völlig auf Hildegard fokussiert. Nach dem Essen führt eine andere Klosterfrau die Mädchen in eine Zelle, die eng ist und karg. «Hier dürft ihr euch zur Ruhe betten, und unsere Mutter Äbtissin wird euch morgen wieder empfangen.»

Als die Frau die Türe geschlossen hat, spricht Margarethe ihre Freundin an, die immer noch abwesend wirkt. «Mann, das ist ja verrückt, das alles!» Diese reagiert nicht. «Raina, was ist los; bist du in Trance?» Als diese nicht reagiert, ist Margarethe ernsthaft beunruhigt. «Und ins Gefängnis haben sie uns auch gesteckt; diese Zelle ist furchtbar eng, ich kriege Platzangst! Ich will raus hier!» Erst jetzt reagiert Seraina. «Abwarten wir müssen», fängt sie an. – «Hey, bist du jetzt voll im Yado-Groove?» Ungläubig starrt sie ihre Gefährtin an. «Wir müssen doch das Antidot haben. Das dauert mir alles viel zu lange! Unsre Männer machen sich sicher schon Sorgen, wenn wir hier übernachten!» – «Gut Ding will Weile haben», erwidert Seraina verträumt. Margarethe rüttelt an der Türe, aber diese ist verschlossen. Ihr wird angst und bange. Wie eine Tigerin dreht sie ihre Runden in der winzigen Zelle, in der lediglich zwei schmale Pritschen stehen und in der Ecke ein Wasserkrug in einer Schüssel. Seraina schweigt weiterhin, und ihre Freundin befürchtet, sie sei in einer Trance. «Hat die heilige Hildegard dich verhext? Sprich mit mir, Raina!»

Als sie von Ferne eine Stimme rufen hört, glaubt sie, selber langsam den Verstand zu verlieren: «Mäggy! Rabenherz!» – Sie antwortet: «Hallo, wer ist da?» – «Rudy und Leon. Wo seid ihr?» Erleichtert, die vertrauten Stimmen ihrer Freunde zu hören, atmet sie auf. «Jungs, ich bin so froh, dass ihr hier seid!» – «Was haben sie mit euch gemacht?» Rudys Stimme klingt plötzlich näher und sehr beunruhigt. «Haben sie euch eingesperrt?» – «Ja! In einer winzigen Zelle!» – «Oh nein! Was habt ihr angestellt?» Leons Stimme ertönt, aber gepresst und angestrengt, darum fragt Margarethe besorgt: «Was macht ihr, wo seid ihr?» Leon stöhnt: «Also, Rudy steht auf meinen Schultern!» – «Wir sind ausserhalb der Mauern, direkt unter eurem Fenster», erklärt Rudy, der wesentlich unbeschwerter klingt. «Aber die Fensterluke ist wohl etwas schmal für euch, um rauszuklettern.» – «Die gertenschlanke Raina schafft das spielend», flachst Leon, und Margarethe knurrt: «Aber die fette Mäggy nicht?» Er murmelt etwas, und Rudy lacht: «Er sagt, du seist zu muskulös!» Nicht sicher, was sie von diesem zweifelhaften Kompliment halten soll, informiert Margarethe die Jungs über Serainas Zustand, und jetzt ist Rudy alarmiert: «Haben euch die Nonnen irgendwelche Tränke eingeflösst?» – «Nicht, dass ich wüsste – also nur Lavendeltee und Gemüsesuppe. Seraina meint, wir müssten Geduld haben. Aber ich dreh durch, wenn uns Hildegard morgen wieder stundenlang von ihrer Vision erzählt!»

Plötzlich murmelt Seraina vor sich hin, geht zur Türe und öffnet diese, als wäre sie nie verriegelt gewesen: «Zieh hinaus, werte Freundin, und ich werde morgen bei Sonnenuntergang folgen.» Verblüfft starrt Margarethe sie an: «Was? Wie? Was geht ab?» Die Jungs wollen wissen, was los ist. «Raina lässt mich raus. Sie kommt morgen nach.» Bevor eine Antwort kommt, spricht sie zu ihrer Freundin: «Bist du sicher, dass du das allein durchstehst?» – «Hören möchte ich die Gesichte der heiligen Mutter. Erzählen werde ich euch, wenn die Sonne wieder untergeht. Wartet beim Baum der Erkenntnis.» – «Raina, hast du Fieber?», erkundigt sich Margarethe besorgt und befühlt mit der Hand die Stirne ihrer Begleiterin. «Ziehe von dannen», insistiert diese mit monotonem Singsang in ihrer Stimme. Ihr Blick geht ins Leere. Verwirrt und mit schlechtem Gewissen huscht Margarethe aus der Zelle, irrt durch die Korridore und versucht, sich an den Weg hinaus zu erinnern. Zuerst stolpert sie in die Küche, schlägt sich den Kopf an einer über der Herdfeuerstelle aufgehängten Gusseisenpfanne an, torkelt wieder hinaus, durch den Korridor, landet im Skriptorium und findet dann nach einer ihr endlos erscheinenden Suche endlich den Ausgang. Alles ist menschenleer; offenbar haben sich alle zur Ruhe gebettet.

Vor dem Tor überfällt sie ein Gefühl der Erleichterung – und Leon! Wie ein wildes Tier stürzt er sich auf sie und schliesst sie fest in seine Arme. «Leon, du erdrückst mich ja!» – «Bin ich froh, habe ich dich wieder!», atmet er erleichtert auf. «Ich dachte schon, ich hätte dich an die Nonnen verloren!» – «Nein, kommt gar nicht in Frage. Aber ich mache mir Sorgen um Raina!» Mit schreckgeweiteten Augen, die durch seine Brille riesig wirken, eilt Rudy zu ihr: «Was ist mit Raina?» – «Sie hält die Stellung bis morgen», sagt sie. Leon kann ein Schmunzeln nicht unterdrücken. – «Was?», macht Rudy irritiert. – «Welche Stellung und mit wem?», grinst Leon und erntet einen Fausthieb auf seinen Oberarm. Rudy tobt: «Das ist jetzt nicht lustig! Ich will wissen, was mit Raina ist!» Ein Krächzen über ihm verstärkt seine Aufregung. Aber Margarethe atmet auf: Wenn Plonk da ist, ist die Lage nie aussichtslos.

Rudy ist aufgeregt, wie Margarethe es gar nicht kennt bei ihm, tigert seufzend umher. Sie versucht ihn an der Schulter zu fassen, um ihn zu beruhigen: «Komm schon, Rudy! Alles wird gut!» – «Aber was ist mit Raina los? Warum ist sie nicht rausgekommen?», hadert er verzweifelt. Margarethe überlegt, wie sie es in Worte fassen soll, ohne ihn zusätzlich zu beunruhigen. «Raina hat einen guten Draht zu Hildegard, und sie glaubt, leichter an das Herstellungsverfahren für's Antibiotikum heranzukommen, wenn sie sie nicht drängt. Ich bin zu ungeduldig.» – «Was ein Glück ist!», atmet Leon auf und will seine Mäggy gar nicht mehr loslassen. «Denn so habe ich mein Rabenherz wieder! Nicht, dass die Nonnen dich abwerben!» Bei diesen Worten erblasst Rudy sichtbar und reisst seine graublauen Augen so weit auf, dass ihm fast die Brille hinunterfällt.

«Was machen wir nun?», fragt Leon. – «Keine Frage, wir bleiben hier!», erklärt Rudy. «Ich bewege mich nicht vom Fleck, solange Raina da drin sitzt!» – «Also lagern wir einfach so draussen, ohne Bett, ohne Decken, ohne Nichts?», reagiert Margarethe wenig begeistert. – «Also, die Kleider würde ich anbehalten, sonst frierst du!», frotzelt Rudy trotz seiner Aufgebrachtheit. – «Und wärmen kann ich dich», schlägt Leon vor. Sie zieht eine Augenbraue hoch: «Das merke ich; wenn du mich weiter so fest drückst, koche ich noch!» Nachdenklich fügt sie hinzu: «Ich könnte auch wieder zurück in die Zelle, dort habe ich wenigstens eine Pritsche. Und kann Seraina im Auge behalten.» – «Nein, du bleibst mir hier, sonst kommst du auch noch auf falsche Gedanken!», erwidert Leon und hält seine Freundin fest. Diese sträubt sich wie ein wildes Tier, dann aber lässt sie sich die Umarmung gefallen. Die drei lassen sich nahe an der Klostermauer nieder, aber der kalte Stein ist alles andere als gemütlich. Sie haben keine Decke, aber dafür ein Schwert zur Verteidigung. Sie drängen sich eng aneinander, um es möglichst warm zu haben; die Jungs nehmen Margarethe in die Mitte. «Mäggy, du hast es gut, du hast es am wärmsten», bemerkt Rudy. – «Na ja, ich finde es etwas beengt», gesteht sie. «Leon hat mich im Klammergriff. Andererseits: Es gibt Schlimmeres, als von zwei Männern flankiert zu werden.» – «Und da der eine dein Bruder ist, habe ich ja keine Konkurrenz zu befürchten!», grinst Leon. – «Ihr zwei kommt mir dann aber auf keine unanständigen Gedanken!», rüsselt Rudy. – «Keine Sorge, ich fühle mich grad nicht so romantisch!», winkt Margarethe ab. «Und sowieso wäre erst einmal eine richtige Dusche fällig, mit Seife und so!»

So oder so wird es eine unbequeme Nacht für die drei, und sie sind froh, als der Morgen graut und fühlen sich auch ziemlich zerschlagen. Sie bekommen mit, wie die Glocken zur Morgenandacht rufen, und das ist nicht das erste Mal: Nonnen beten mehrmals am Tag und auch in der Nacht. «War das die *Matutin* oder die *Vigil,* oder ist das das Gleiche? Das Stundengebet oder Morgengebet?», versucht sich die in ihrem früheren Leben ehemalige Nonne zu brinnern. «Egal was – die können ja nie durchschlafen, das ist unerträglich!», motzt Leon, der übermüdet ist und daher seine gute Laune vorübergehend abgelegt hat. Die tiefen Sorgenfalten auf Rudys Stirne zeugen von den Gedanken, die er sich um Seraina macht, und auch Margarethe ist beunruhigt. Ihre Freundin hat sich in der Tat seltsam verhalten am Vorabend! Wie geht es nun wohl weiter?

«Guten Morgen!», ruft eine muntere Stimme aus dem Tor, das die ganze Nacht offen gestanden hat. «Früh seid ihr unterwegs!» – «Nein, wir warten nur auf Seraina», erklärt Margarethe. – «Eure Freundin ist in einer Meditation mit Mutter Hildegard», erklärt die Torwächterin. Rudy seufzt: «Geht sie jetzt voll ab auf diesem esoterischen Trip?» – «Wieso? Meditieren ist nicht schlecht, das tut manchmal echt gut», erwidert Leon, der langsam munter wird. Margarethe erhebt sich: «Ich geh rein, nachschauen, was sie machen.» Erklärend fügt sie hinzu: «Mich lassen sich eher rein als euch.» – «Versuch doch, was zu essen aufzutreiben», bittet sie Leon. «Mein Magen knurrt erbärmlich!» – «Mir ist der Appetit vergangen», winkt Rudy ab.

Auf der Suche nach ihrer Freundin steuert Margarethe zielstrebig auf das Labyrinth im Kräutergarten zu. Jedoch findet sie dort weder Hildegard noch Seraina. Sie erkundigt sich bei einer Nonne, die im Beet welke Blätter von den Pflanzen zupft, und diese verweist das Mädchen in den hinteren Teil des Gartens: «Gewahret dort den Baum der Erkenntnis!» Verwundert dreht Margarethe den Kopf. Baum der Erkenntnis? Das klingt irgendwie nach Adam und Eva und der Schlange! Seraina hatte doch diesen Baum am Vorabend erwähnt.

Der Innenhof ist nicht riesig, daher fällt es dem Mädchen nicht schwer, den Ort zu finden, an dem eine grössere Gruppe von Klosterfrauen versammelt ist. Dass sie Hildegard umgeben, die unter einem grossen Eichenbaum sitzt, verwundert sie weniger – dass Seraina neben ihr kniet, hingegen schon. Hoppla! Sie hat offensichtlich den Ehrenplatz neben der grossen Seherin inne!

* * *

Die Jungs warten draussen, und Rudy ist unruhig. Leon versucht, ihn zu beruhigen: «Cool bleiben, Ru, alles wird gut. Meine Magical Mäggy schmeisst den Laden schon!» – «Um Mäggy mache ich mir keine Sorgen, aber ich habe Angst, dass Raina abhebt.» – «Und wenn schon! Die kommt schon wieder runter!» – «Wenn sie jetzt voll dem Esotrip verfällt und plötzlich auf den Geschmack kommt, bei den Nonnen zu bleiben?», äussert Rudy seine Bedenken, aber Leon winkt ab. «Ey, Mann, bleib locker!» – «Sie ist ja nicht DEINE Freundin!» – «Aber eine tolle Frau!

Wär ewig schade, wenn sie im Kloster verrottete, die schöne Seraina!» – «Ja, das wäre furchtbar!» – «Und du würdest dir das nie verzeihen…», fängt Leon an. – «Was?» – «Na, die verpasste Gelegenheit… das mit der Jungfräulichkeit!» – «Was weisst denn du?», gibt Rudy mit unerwartetem Grinsen zurück und muss über Leons verblüfften Gesichtsausdruck lachen: «Sorry, Kumpel, das wusste ich nicht.» – «Vielleicht erst kürzlich, vielleicht in einem früheren Leben, mehr sag ich nicht!», schliesst Rudy süffisant, und Leon nickt anerkennend angesichts dieser Retourkutsche: «Touché!»

«Und ich bin ganz Gentleman, nicht zu fragen, wie weit du mit meinem Schwesterchen gegangen bist», fügt Rudy hinzu. Jetzt ist es an Leon, zu grinsen: «Dann bleib einfach Gentleman, und ich bleib es auch!» Nach einer Weile brechen die beiden Jungs in befreiendes Gelächter aus. «Wenn das alles vorbei ist, gehen wir zwei mal ein Bierchen trinken, okay, Ru?», schlägt Leon vor, und der Angesprochene nickt gebauchpinselt: «Aber bitte erst nach der Pandemie!»

* * *

Gebannt wohnt Margarethe dem Spektakel bei, das sich innerhalb der Klostermauern abspielt. Eigentlich ist es nur eine Open-Air-Meditation, aber die Protagonistinnen sind beeindruckend. Am meisten beeindruckt es die Outsiderin, dass ihre beste Freundin im Mittelpunkt steht. Dabei beneidet sie diese keineswegs: Sie ist lieber Beobachterin, als sich in diese mystische Vorstellung mit hinein ziehen zu lassen. Wobei das alles echt ist, und kein Theater. Hildegard, deren Kleidung und Schleier diesmal ordentlich aussehen, spricht Worte, die zuerst wenig Sinn ergeben in Margarethes Ohren, dann aber stellt sie fest, dass die Erzählung anknüpft an den seltsamen Bericht vom Vorabend.

Offenbar ist es die Fortsetzung. «Ich werd' wahnsinnig!», seufzt sie innerlich, während die grosse Seherin berichtet, wie «der Mann sich nach Westen wandte, so dass er nun nach Westen und Norden schaute. Und sehe: Auf beiden Schultern trug er einen Flügel, der seine Arme überdeckte. Auch auf dem Rücken hatte er Flügel und ebenso auf der Brust. Sie alle standen aufrecht, zum Fliegen bereit.» Ein lautes Krächzen lässt die versammelte Gemeinde aufschrecken, und im Tiefflug segelt ein grosser Rabe über die Köpfe, welche sich ihm erschrocken zuwenden. Fühlt sich Plonk etwa angesprochen?

Mit Plonk eilen auch die Jungs in den Hof und stossen zu der Gruppe, die kurz in Aufregung ist, welche sich langsam wieder legt, als Hildegard von Bingen weiterspricht: «Ihr habt das Zeichen erblicket, welches sich am Himmel gezeiget habt.» Neben ihr stimmt Seraina plötzlich einen Singsang an, monoton, traurig und betörend. Ihre Augen sind geschlossen, und sie trägt ein anderes Gewand, ein Kleid, violett, das in starkem Kontrast zu dem türkisblauen Schleier steht. Woher hat sie das Gewand, wundert sich Margarethe. Hinter sich hört sie Rudy und Leon murmeln: «Meine Frau startet durch! Jetzt singt sie sogar! Raina singt doch nie!» – «Klingt aber irgendwie chillig, so, als wäre sie voll auf Drogen!» – «Das ist nicht lustig! Kannst du eigentlich mal irgendwas ernstnehmen?» – «Psscht, hört auf zu streiten!», versucht Margarethe die Jungs zu beschwichtigen. Leon packt seine Freundin von hinten und fasst sie um die Taille. «Hee, da sind lauter Nonnen, benimm dich!», protestiert sie. Er jedoch schmiegt sein Gesicht an ihren Hals und flüstert: «Die haben nur Augen für Hildegard und die schöne Raina! Aber meine schöne Mäggy habe ich für mich alleine!» Seine Hände wandern ein Stück höher, und Margarethe gibt ihm einen Klaps. Auf Rudys strafenden Blick verteidigt er sich: «Will bloss verhindern, dass sie auch noch auf die Bühne stürmt und ein Spontankonzert gibt!» Sein Mädchen bedankt sich für seine erdrückende Fürsorge, indem sie auf seinen Fuss tritt. «Autsch!» Dann packt sie

Rudy am Ärmel, weil der drauf und dran ist, nach vorne zu Seraina zu drängen. «Lass sie! Sie weiss sicher, was sie macht!» – «Da bin ich mir ganz und gar nicht sicher!», entgegnet er zweifelnd angesichts der Sängerin, die wie in einer Trance murmelt und summt. Die anderen Nonnen wiegen sich im Takt einer Trommel, welche von einer weiteren Frau geschlagen wird. «Das ist mir echt zu esoterisch!», jammert Rudy. – «Schon eine etwas kuriose Jam-Session!», pflichtet ihm Leon bei, der seinen Griff um seine Freundin verstärkt hat. «Traust du mir nicht, du Klammeraffe?», brummt diese.

Die Sitzung scheint eine Ewigkeit zu dauern, und die Freunde fühlen sich eingelullt vom Gesang und von der Erzählung, die Hildegard wieder aufnimmt. «Bereits gekommen ist der Tag, und das Gesicht hatte ich, als ich sah, wie der erwähnte Mann sich gegen den Norden wandte, so dass er nunmehr nach Norden und Osten schaute. Die erste Erscheinung hatte einen Kopf wie den eines jungen Hirsches und den Schwanz wie ein Bär, während der übrige Körper einem Schwein glich.» Leon kann es sich nicht verkneifen, zu kichern: «Spielt sie wohl auf Pandemios an?» Hildegard fährt unbeirrt fort, doch ihr Blick scheint sich in seine Augen zu bohren: «Ich bin mir gewiss, dass eine weitere Richtung angezeigt werden wird in einen zukünftigen Gesichte. Und vier Menschen aus der Zukunft werden reisen. Sie sind unter uns.» Auf einmal wird alles still, und alle Blicke folgen den Augen der Seherin, welche Margarethe und ihre Freunde anstarrt.

Den dreien wird es angst und bange. Sie wissen nicht, wie sie sich verhalten sollen. Dann jedoch kommt ihnen eine vertraute Stimme zu Hilfe: «Die Rettung bringen sie werden!», spricht Seraina feierlich, mit lauter und klarer Stimme und weit aufgerissenen, zum Himmel erhobenen Augen. Sie hebt ihre Arme, und die weiten Ärmel ihres Gewandes sehen aus wie Flügel. «Rabenherz ist da, und ihre Gefährten helfen ihr, Medizin zu finden für die Kranken!» Plonks Krächzen ertönt nun aus nächster Nähe, Leons Kopf zuckt zurück, und Margarethe spürt, wie sich ihr Rabe auf ihrer Schulter niederlässt. Ein Raunen geht durch die Menge. Hildegard von Bingen macht eine grosse Bewegung mit ihren Armen und fordert die Rabenmutter auf, vorzutreten. Die Nonnen bilden eine Gasse, durch die Margarethe zögernd vorwärtsschreitet, auf Seraina zu. Die Jungs wissen nicht, ob sie ihr folgen sollen, beschliessen aber, in der Nähe ihrer Liebsten zu bleiben. Unbehelligt gelangen die drei nach vorne, unter die mächtige Eiche, und stellen sich ehrfurchtsvoll vor Seraina und Hildegard auf. Margarethe ist sprachlos, weiss nicht, wie sie sich verhalten soll. Die Seherin ergreift das Wort: «Kunde hatte ich schon lange von Eurem Kommen, dass Ihr Euch bemühet um eine Medizin, die eine zukünftige Krankheit heilen soll. Helfen werde ich Euch von Herzen gerne. Sprechet nun, was euer Begehr ist.» Seraina schweigt, als wäre sie immernoch geistig weggetreten, und ihre drei Freunde tauschen Blicke aus und murmeln: «Hast du das Rezept?» – «Nein, das hatte ich doch dir gegeben!» – «Ihr seid doch bescheuert, habt ihr es etwa verhühnert?» Alle drei sind nervös, was besonders bei Leon und Rudy ungewohnt anmutet. Als wäre sie aus einem Traum erwacht, meldet sich plötzlich Seraina zu Wort: «Hier ist das Rezept, das uns Kunde gibt von dem Heilmittel. Werte Mutter, bitte helft uns, die Medizin zu brauen.» Die anderen drei atmen erleichtert auf.

Hildegard von Bingen schaut sich das Rezept an und murmelt: «Gesehen im Traum ich es bereits heut' Nacht. Kennen ich tu den Inhalt und den Vorgang.» Dann dreht sie sich um und steuert auf das Kloster zu. Die Teenager folgen ihr, nur Plonk bleibt draussen, zusammen mit dem Schwert – denn ein Kloster sollte nicht bewaffnet betreten werden.

In der Küche angelangt, holt Hildegard Zwiebeln und Knoblauch aus der Speisekammer. Eine Flasche Wein und eine Schale mit

Ochsengalle stellt sie daneben. Die Teenager rümpfen die Nase, weil es stinkt. Die Äbtissin wendet sich an Seraina: «Dank Euch und Eurer Meditation der Boden ist geschaffen für die Transformation. Jetzt benötigt das Wundermittel die Aura einer erfahrenen Zeitenwandlerin, um die volle Wirkung zu erlangen.» Und Hildegard wendet sich an Margarethe, die etwas irritiert aus der Wäsche guckt. Während die Äbtissin sie beinahe beschwörend anstarrt, tritt Margarethe vor. «Zermörsere alles in diesem Kupferkessel. Tu dies eine Viertelstunde lang, dann drücke es durch ein Tuch. Während dieser Zeit wird Schwester Anna das Rezept abschreiben», weist Hildegard das Mädchen ein und fährt geheimnisvoll fort: «Die Magie und die Kraft in dieser Salbe, die hier entsteht, übertragen sie sich tut auf alle Mittel, die in Zukunft gemischt.» Margarethe nimmt den Mörser in beide Hände, da spürt sie, wie sie eins wird mit der Welt. Es fühlt sich unbeschreiblich an – übermenschlich, übersinnlich, übernatürlich.

Als die Viertelstunde vorbei ist, fühlt sich Margarethe in keiner Weise erschöpft – im Gegenteil, sie hat einen inneren Frieden gefunden. Sie greift wie in Trance nach dem Tuch und drückt die noch recht flüssige Salbe hindurch. Dann füllt sie das fertige Mittel in zwei bereitstehende Fläschchen ab, dort wird sich die Paste langsam verfestigen. Schliesslich fällt der Trance-Schleier von ihr ab, sie fühlt direkt eine Sehnsucht nach dem Weltfriedensgefühl. Doch er kommt nicht mehr zurück.

«Nun die Zeit ist gekommen, der Abschied naht.» Mit diesen Worten händigt Hildegard von Bingen den Mädchen das Original-Rezept und die beiden Fläschchen aus. Die vier Freunde bedanken sich ergriffen und verabschieden sich von Hildegard. Draussen erwartet sie schon ein sichtlich ungeduldiger Rabe mit Schwert.

17
Zündende Idee verzweifelt gesucht

Nachdem sie das Antidot endlich wieder erlangt haben, ziehen die vier Freunde erleichtert von dannen. Plonk fliegt in einiger Entfernung hinter ihnen, als bilde er die Nachhut und biete ihnen Rückendeckung. Zuerst gehen die vier schweigend, dann aber kommt wieder Leben in die Gruppe: als hätten sie erst ein paar Kilometer zwischen sich und das Kloster bringen müssen. Leon und Margarethe gehen eng umschlungen, aber Rudy hat sich bis jetzt nicht getraut, seiner so seltsam entrückten Seraina näher zu kommen. Er betrachtet sie immer wieder verstohlen aus dem Augenwinkel, wirkt verunsichert. Leon ist derjenige, der das Eis bricht, und er kann es sich nicht verkneifen, das früher Gehörte nochmals aufs Tapet zu bringen: «So, ihr zwei, wie war das jetzt mit der Ganzwerdung von Mann und Frau?» Rudy zischt: «Das ist jetzt nicht der richtige Moment!» Seraina jedoch richtet ihre dunklen Augen auf ihren Freund: «Rudolfino mio, was zagest du?» – «Raina, bist du jetzt wieder normal? Was war eigentlich mit dir los?» – «Mir geht es prima, und diese Meditation hat so richtig gut getan! So eine Retraite sollte ich regelmässig machen!» Verdutzt betrachten die anderen sie. «Mal im Ernst, Raina, wie viel war Theater, und was war echt?», fordert sie Leon heraus, und sie richtet ihren mysteriösen Blick auf ihn: «Alles an mir ist echt!» Er errötet und senkt seinen Blick. Auch Rudy ist immer noch verunsichert. Margarethe ist es, die begreift, was in ihrer Freundin vorgeht: «Du hast dich verändert, Raina! Du bist viel ruhiger, gelassener. Ich glaube, es geht dir gut. Gell, das hat mit der Trance zu tun. Ich hab's auch gespürt, beim Mörsern.» – «Ja, genau. Und ja, mir geht's prima!», jubelt Seraina strahlend, und sie sieht sehr glücklich und gelöst aus. «Da ist wahnsinnig viel passiert, bei Hildegard, und ich glaube, ich habe meine geistige Mutter gefunden!» Dann wendet sie ihren Blick Rudy zu: «Aber für mich das Wichtigste ist: Ich habe meinen Rudy!»

Endlich umarmen die beiden sich und versinken in einem endlosen Kuss. Gerührt schaut Margarethe zu, wie ihre ältesten Freunde glücklich sind miteinander. Und sie ist es auch, und jetzt erst recht, wo alle vier verliebt sein dürfen. Harmonie! Sie wendet ihr Gesicht Leon zu, welcher sie mit seinen grünen Augen verschlingt und gierig nach ihren Lippen sucht. Für einen Augenblick lässt sie das Gefühl von Stress und Zeitdruck los, kann sich endlich entkoppeln von ihrem nagenden Pflichtbewusstsein und sich einfach nur auf diesen glücklichen Augenblick einlassen.

* * *

Als die Gruppe sich wieder in Bewegung setzt, löst sich Margarethe von ihrem Leon, um mit ihrer besten Freundin ins Zwiegespräch zu kommen. Die Jungs verstehen das und fallen ein Stück zurück. Jetzt, wo sie sich angefreundet haben, ist die Stimmung in dem Vierergespann viel entspannter. Margarethe wartet ab, ob Seraina von sich aus beginnt. Diese spürt die unausgesprochene Frage und fängt mit ungewohnt gelöster Stimme an: «Ich fühle mich wie neugeboren!» – «Ja, das merke ich!», freut sich ihre Freundin. «Du siehst auch wunderschön aus!» Geschmeichelt zieht Seraina an ihrem lila Gewand. «Das liegt nur an diesem Kleid.» – «Sowas solltest du öfters tragen! Steht dir wirklich.» – «Du meinst, mal was anderes als Jeans und Hoodie? Na ja, warum nicht.» Sie blickt zu Margarethe: «Aber weisst du, irgendwie ist deine Kurzhaarfrisur süss!» – «Das sagst du jetzt nur, um das Kompliment zu erwidern», wehrt die Angesprochene ab. – «Quatsch! Du bist hübsch, egal, ob deine Haare lang oder kurz sind.» Margarethe stutzt: «Ich hübsch? Mit meiner grossen Nase und den strähnigen Haaren? Und Kurven hab' ich auch keine nennenswerten!» Seraina legt ihrer Freundin einen Arm um die Taille: «Von wegen; du bist schlank, hast eine Wespentaille, was nicht viele Frauen haben, und ein Bügelbrett bist du auch nicht!» Margarethe seufzt. «Waschbrettbauch habe ich nicht, den hat schon Leon, dann bleibt für mich nur das Bügelbrett!» Seraina lacht: «Blödsinn! Du bist sportlich, das sieht man: das reinste Kraftpaket!» – «Danke für die Blumen; ich beneide dich ja manchmal schon, dass du so rank und schlank bist, wie eine Elfe!» – «Dafür bin ich ein Mimöschen! Ich bin ja oft krank, weil ich zu dünn bin und zu wenig Sport treibe.» Lachend fügt sie hinzu: «Und weisst du, so, wie Leon zupackt, hätte er mich längst zerdrückt!» Beide Mädchen brechen in Gelächter aus, und Margarethe wischt sich eine Träne aus ihrem Auge. «Stimmt, mein Liebster erdrückt mich manchmal fast mit seiner überbordenden Fürsorge!» Seraina kichert: «Er ist der reinste Klammeraffe! Also mich würde das ja wahnsinnig machen!» – «Tut es mich manchmal auch, aber eben: Ich bin ja zum Glück nicht aus Porzellan!»

Seraina wird wieder nachdenklich. «Rudy dagegen ist in punkto Körperkontakt schon eher zaghaft.» – «Ach, der ist nur schüchtern», beschwichtigt Margarethe, «und unerfahren. Das gibt sich mit der Zeit.» Ihre Freundin seufzt: «Tja, aber immer die Initiative zu ergreifen, finde ich anstrengend. Ich möchte ja nicht aufdringlich sein!» Margarethe grinst: «Also ich finde, wenn die Post dann abgeht, kann er schon leidenschaftlich sein!» – «Besonders, wenn er sich was in den Kopf gesetzt hat und eine geniale Idee, die er technisch umsetzen kann», erwidert Seraina. Margarethe nickt: «Wenn er irgendein Cybertool hat, ist er unschlagbar!» Plötzlich tauschen die Freundinnen Blicke aus und prusten beide los, was die Jungs neugierig macht. «Was kichern denn unsre Plaudertaschen die ganze Zeit?», erkundigt sich Leon, und Margarethe trumpft auf: «Wir reden natürlich über euch!» Nun spitzt auch Rudy seine Ohren: «Was habe ich da nicht mitbekommen?» Seraina lacht dreckig: «Wir haben neue

Spitznamen für euch!» – «Jetzt bin ich aber gespannt!», bemerkt Leon und greift bereits wieder nach seiner Freundin, um sie an sich zu ziehen. Seraina prustet heraus: «Das ist der Beweis: Du bist ganz klar der Klammeraffe!» Nun ist es an Rudy, zu lachen, angesichts von Leons pikiertem Blick, aber gleich hakt er nach: «Und welchen schönen Übernamen habt ihr mir zugedacht? Wobei ich nicht sicher bin, ob ich es wirklich hören will!» Die Mädchen lachen wieder, wobei Margarethe japst: «Leon, ich krieg keine Luft mehr!» Seraina schmiegt sich an Rudys Schulter: «Du bist der mit dem Cybertool!» Leon brüllt vor Lachen: «Oh mein Gott! Ru, ich hab dich wohl masslos unterschätzt!»

Rudy nimmt es gutmütig zur Kenntnis: «Das ist ja im Grunde genommen schmeichelhaft», brummt er. «Aber jetzt müssen wir uns rächen!» Leon nickt: «Ja, jetzt suchen wir Spitznamen für die Damen!» Seraina und Margarethe reagieren mit gespieltem Entsetzen. «Mir graust jetzt schon!», haucht Seraina geziert. – «Also ich dachte, es sei eh schon klar, dass wir die schöne Seraina und die fette Mäggy sind», winkt Margarethe ab, und Leon grunzt: «Wenn schon, dann die muskulöse Mäggy! Magical Maggy. Und sowieso: Lady Ravenheart, at your service!» Mit Seitenblick zu Seraina fährt er fort: «Seit Raina so upgespacet war, ist sie mir direkt unheimlich, obwohl sie umwerfend aussieht in dem Kleid. Mäggy, du solltest auch mal so was anziehen!» Rudy fügt hinzu: «Kleider können nicht darüber hinwegtäuschen: Hexen seid ihr beide!»

«Genug gelabert!», ermahnt Margarethe ihre Freunde zur Vernunft, «Wir haben immer noch eine Mission zu erfüllen!» – «Stimmt», pflichtet ihr Rudy bei, und Leon murrt ironisch: «Immer dieser Stress!» Seraina knufft ihn in die Schulter: «Selber schuld! Du hast dich schliesslich als Mäggys Anhängsel in unser Weltrettungsteam eingeschleust! Jetzt beschwer dich gefälligst nicht?» – «Nein, nein, ich habe mich selten so amüsiert!», gibt er lachend zurück. Rudy resümiert: «Wir haben die Medizin, wir haben Rabe und Schwert, also spricht nichts dagegen, dass wir den Zeitsprung machen!» – «Na also, warum nicht gleich?», fordert ihn Leon heraus. – «Weil ich den nicht initiieren kann. Das ist Mäggys Fachgebiet. Wir brauchen eine zündende Idee!»

Die Angesprochene seufzt, geht in die Hocke, und Leon beugt sich zu ihr hinunter: «Was denn, meine Liebste?» – «Ich kann gar nichts mehr initiieren, ich bin einfach nur hundemüde!» Rudy stimmt ihr zu: «War eine unruhige Nacht. Kuschelig zwar, aber geschlafen habe ich nicht viel.» Seraina wirft ihm einen alarmierten Blick zu: «Was hab ich da verpasst?» – «Ach, wir haben Mäggy in die Zange genommen!», erklärt Rudy süffisant, und Serainas Augen weiten sich: «Ja seid ihr noch zu retten? Da ist man einmal im Leben bei einer Seherin, und unterdessen treibt meine beste Freundin einen flotten Dreier mit meinem und ihrem Typen!» Margarethe errötet heftig und fängt an, zu erklären, hin- und hergerissen zwischen Amüsement über die absurde Unterstellung und dem Wunsch, ihre Freundin zu beruhigen, aber Leon fällt ihr ins Wort: «Du hattest deine Ekstase, und wir sollten es derweil nicht lustig haben? Das wäre doch nicht fair!» – «Das ist einfach unglaublich!» Seraina wirkt echt entsetzt, dann aber verändert sich ihre Mimik, und sie platzt lachend heraus: «Und ich glaube es euch trotzdem nicht! Da müsstet ihr schon schwer besoffen sein! Mäggy würde es nie mit meinem Rudy treiben, oder?» Rudy wird dunkelrot vor Entrüstung, und Margarethe muss lachen: «Bitte hört auf, ihr seid so peinlich; ich will mir das gar nicht vorstellen!» Leon lacht vor sich hin und schüttelt den Kopf. «Liebste Raina, du Keuscheste aller Jungfrauen, sei gewiss, dass in deiner Abwesenheit keinerlei Unzucht getrieben wurde!» Dann fügt er leise hinzu, mit laszivem Seitenblick zu seiner Freundin: «Aber was nicht ist, kann ja noch werden!» Diese aber winkt ab: «Ich bin wirklich einfach extrem müde und möchte nur noch schlafen! Ausruhen! Geht das denn nicht in eure Köpfe rein! Oder spielen bei euch die Hormone total verrückt?»

Die vier erblicken eine Hütte am Waldrand, und wie magisch zieht es sie zu ihr hin. «Dort können wir ausruhen», schlägt Rudy vor. – «Vorausgesetzt, es ist keine Zeitmaschine oder irgendwas Verhextes», wendet Seraina misstrauisch ein. Margarethe nickt: «Bloss nicht; dann ist wieder Essig mit Ausruhen!» Leon scheint immernoch vor Energie zu strotzen: «Dann also weiter, Leute, nicht schlappmachen! Entweder die Hütte oder marschieren!» Rudy stöhnt: «Macht dein Macker jetzt einen auf Boot-Camp, edelste Lady Ravenheart?»

Sie stimmen ab, und es steht schliesslich drei zu eins für die Hütte. Leon fügt sich dem Mehrheitsbeschluss, und sie nähern sich dem harmlos dastehenden Häuschen. Margarethe hat jedoch ein ungutes Gefühl im Bauch. Sie vernimmt ein Krächzen und hört ein Flattern, und vor ihren Augen landet Plonk auf dem Dachfirst des Gebäudes. Das nimmt sie als Zeichen, dass sie – ungeachtet ihrer unguten Gefühle – eintreten darf, denn wo ihr Rabe sich niederlässt, muss der Ort günstig sein für ihr Vorhaben. Ausser, es handle sich trotz allem um eine Pforte. Aber wenn es das Schicksal will, dass sie eine Pforte überschreiten, dann muss es wohl so sein, denkt sich die Anführerin – denn das ist sie, auch wenn ihr Team aus starken Persönlichkeiten mit erstaunlichen Fähigkeiten besteht. Als könnte sie ihre Gedanken lesen, spricht Seraina: «Mäggy, du bist der Boss! Wenn du denkst, dass wir hier rein sollten, dann machen wir das!» Rudy tritt neben sie: «Ich bin dabei! Ich folge der Anführerin!» Diese wehrt ab: «Quatsch, wir sind ein Team, ohne Hierarchien!» Rudy bewegt seinen Zeigefinger hin und her: «Nein, nein, so leicht kommst du mir nicht davon! Du hast uns von Anfang an in diese Abenteuer reingezogen, weil dich diese Zeitreisen sozusagen anspringen. Also trägst du auch die Verantwortung.» Bevor die unfreiwillige Anführerin protestieren kann, fügt er hinzu: «Aber du weisst auch: Wir folgen dir überall hin!» Gerührt möchte sie etwas erwidern, aber jetzt nimmt ihr Leon die Worte aus dem Mund und kniet vor ihr nieder: «Danke für eure Solidarität zu meiner Mäggy! Ich folge dir bedingungslos und lege dir mein Schwert zu Füssen!» Rudy protestiert: «Von wegen, dein Schwert! Aber es ist sicher gut, wenn Rabenherz die harmlose Hütte bewaffnet betritt.» Leon murmelt leise: «Und wir retten sie dann aus der Not!»

Die Anführerin möchte die Türfalle berühren, schreckt dann aber zurück. «Was ist?», fragt Seraina, «Hast du dein Desinfektionsmittel vergessen?» Leon lacht auf, aber Margarethe bleibt ernst. Sie drückt die Klinke hinunter; die Türe schwingt nach innen auf, sie treten mit einem mulmigen Gefühl ein. Die Luft scheint zu vibrieren, der Raum gerät in Bewegung.

* * *

«Die Pforte!», schreit Seraina und hält sich am nächsten Ärmel fest. Die vier werden wie von einem Magneten angezogen und schweben durch die Luft, als würden sie nicht durch eine kleine Hütte, sondern durch einen langen Gang befördert. Am Ende des Tunnels erblicken sie eine Gestalt, die ihnen vertraut, aber mit sehr unangenehmen Erinnerungen behaftet ist.

18

Pandemios' Grande Finale

«Willkommen in meiner bescheidenen Hütte des Grauens!», begrüsst sie Pandemios, und die beiden Mädchen verdrehen die Augen. «Auch das noch!», spricht Rudy die Gedanken seiner Freundinnen aus. Leon stellt sich beschützend vor die Frauen. Der Bösewicht lacht: «Harharharhar, ihr seid bis jetzt noch viel zu glimpflich weggekommen, das finde ich nicht erbaulich! Denn ich geniesse es, mit meiner Beute noch ein bisschen zu spielen, bevor ich ihr den Garaus mache! Und ihr habt meine Pläne durchkreuzt, und das sollt ihr büssen!»

Anstatt den Kopf einzuziehen, hält ihn Margarethe hoch erhoben, und sie tritt mit dem Schwert in der Hand vor den Zauberer. Mit eisiger Stimme, aus der tiefste Verachtung spricht, wendet sie sich an den Erzganoven: «Vergiss es, mit deiner Pandemie, mit deinen bösen Plänen! Wir machen alles zunichte und bringen Heilung für die Welt!» Sie ist selber erstaunt über ihre Worte und die Festigkeit, mit der sie diese vorbringt. Pandemios stutzt einen Augenblick, dann überzieht ein diabolisches Grinsen sein Gesicht: «Die Heldin Rabenherz hat wohl noch nicht genug gelitten? Möchtest du eine Märtyrerin sein? Dabei helfe ich dir gerne!» – «Neiin!», schreien Seraina und Leon aus einem Munde, und Rudy bleibt vor Schreck der Mund offen stehen, als der Zauberer ihre Anführerin mit einem Schwebefluch in die Lüfte befördert und in einer Wolke verschwinden lässt. Leon prescht vor, aber dort, wo seine Freundin stand, ist plötzlich nichts mehr, und ehe er sich's versieht, fühlt er einen unangenehmen Druck an Hals und Handgelenken. Rudy zieht heftig Luft ein: «Ach du Scheisse, Leon trägt einen Schandkragen!» Der Gefangene sieht an sich herab und stellt mit Verdruss fest, dass sein Kopf und seine Hände in einem Brett stecken, das mit Ketten gesichert ist. Rudy tröstet ihn: «Wenigstens hast du nicht ein Brett vor dem Kopf!» Seraina kreischt: «Mäggyyyy!» Und die andern beiden blicken in die Richtung, in welche ihre Gefährtin schaut. Der Anblick ist nicht ermutigend: Auch Mäggy ist in ihrer Bewegungsfreiheit empfindlich eingeschränkt; zwar sitzt sie relativ bequem auf einem Stuhl, der sich wie ein Liegestuhl anfühlt, aber sie traut dem Braten nicht. «Was ist das für ein Zahnarztstuhl?», fragt Seraina besorgt. Rudy legt seine Stirne in Falten: «Das gefällt mir überhaupt nicht!» Margarethes Handgelenke sind mit Spangen an die Armlehnen gefesselt, ebenso ihre Beine an die Fussstütze. Alles Zappeln hilft nicht.

Pandemios räuspert sich grinsend: «Höret und wisset, ihr Narren, dass ich nicht nur der Meister der Pandemien bin, welche die Weltgeschichte erschüttert und gravierend beeinflusst haben, sondern dass ich auch die Geschichte der Torturen der Menschheitsgeschichte studiert habe. Beide Themen gehen nahtlos in einander über, wenn man die Krankheiten zu beherrschen und anzuwenden weiss.» Er räuspert sich erneut. Seht beispielsweise, wie nahe Heilen und Krankmachen miteinander verbunden sind. Dieses Stäbchen beispielsweise ist euch bekannt.» – «Das ist doch so ein MAE-CD-20-Teststäbchen!», zischt Seraina, und Rudy nickt besorgt. – «Mittels dieses Wattestäbchens wird in eurer Welt getestet, ob jemand mit dem Virus infiziert ist», fährt der Bösewicht fort. Er tritt zu Margarethe hin, welche sich windet, fixiert nun auch ihren Kopf mit einer Klammer, die aus dem Nichts zu erscheinen scheint, kippt den Stuhl wie einen Zahnarztbehandlungsstuhl nach hinten, so dass die «Patientin» fast kopfüber hängt, und steckt ihr das lange Stäbchen tief ins rechte Nasenloch. Margarethe windet sich, und ihre Freunde stöhnen. Dem Opfer scheint es, als würde ihr Peiniger ihr das Ding bis ins Hirn stossen. Sie zappelt, soweit ihre Fesseln das zulassen, kickt mit ihren Füssen ins Leere, aber Pandemios dreht das Stäbchen in ihrem Nasenloch. Es tut weh und kitzelt unerträglich. «Diese

Tests sind wirklich unangenehm», flüstert Rudy Seraina mitleidig zu. «Die sind schon eine Folter, wenn sie eine medizinische Fachperson durchführt!» Seraina zischt: «Hast du nicht begriffen, dass wir in der Folterkammer sind?» Zielstrebig bewegt sie sich leise auf den Folterknecht zu, in der Absicht, ihn zu überwältigen. Pandemios jedoch scheint in seinem Hinterkopf Augen zu haben. Blitzschnell wendet er sich nach Seraina um, ohne das Folterinstrument aus Margarethes Nase zu ziehen, und belegt sie mit einem Fluch. Puff! verschwindet sie in einer Wolke und findet sich auf einer Art Mühlrad festgebunden, das aus dem Nichts erschienen ist. «Neiiin!», schreit Rudy und schiesst los, auf seine Freundin zu, um ihre Fesseln zu lösen, bevor der Bösewicht den Drehmechanismus betätigen kann. Trotz ihrer unangenehmen Lage kriegt Margarethe mit, was, mit ihrer Freundin passiert, und eine bodenlose Wut staut sich in ihr an. Sie glaubt, vor Zorn zu kochen. Einen Augenblick ist Pandemios unaufmerksam, da schnaubt Margarethe so fest, dass sie das Wattestäbchen aus ihrer Nase katapultiert, so dass es ihrem Peiniger an die Nase schiesst. «Autsch!», ruft dieser aus und ist irritiert, weil er im gleichen Moment Rudy in seinem Augenwinkel wahrnimmt, der sich an Serainas Fesseln zu schaffen macht. Margarethe ahnt, dass er vorhat, auch Rudy bewegungsunfähig zu machen, und sie lässt ihre unbändige Wut in sich aufsteigen und fühlt dadurch eine riesige Kraft, die sie erfüllt bis in die Fingerspitzen. Rabenherz fühlt sich bärenstark, und sie glaubt, zu zerplatzen. Mit einem lauten Brüllen richtet sie sich in dem Folterstuhl auf, und was zerplatzt, sind ihre Fesseln. Sie ist frei, und sie rempelt zuerst den Zauberer an, der überrumpelt ist von diesem Ausbruch, dann stürmt sie auf Leon zu, greift in seine Hosentasche, während er zusammenzuckt vor Schrecken und weil es kitzelt. Sie findet das Taschenmesser und eilt zu Seraina, um die Schnüre durchzuschneiden, welche ihre Hand- und Fussgelenke an das Rad binden. Rudy hilft Seraina, welche erleichtert wieder auf zittrige Beine kommt. Nun ist Leon an der Reihe, und Margarethe beauftragt Rudy, mittels Messer die Schrauben zu lösen, während sie den Zauberer in Schach hält. Womit? Mit ihrer blossen Präsenz? Sie ist selber überrascht, was für eine Aura sie umgibt und welche Kraft sie ausstrahlt. Ein Krächzen hinter ihr kündigt von der Gegenwart ihres Raben, und dieser fliegt zu Pandemios, welcher verdattert am Boden kauert und das Schwert umklammert. Der Zauberer ist zu überrascht, um zu reagieren, als Plonk ihm das Schwert entwindet. Es scheint, als fessle nun den Zauberer eine unsichtbare Macht an Ort und Stelle. Ehrfürchtig sehen Margarethes Freunde zu, wie Rabenherz das Schwert an sich nimmt und es hoch in die Luft hält. «Der Bann ist gebrochen, der böse Zauber vergeht, und wir bringen die Heilung für die Welt!», verkündigt sie mit ungewohnt kraftvoller Stimme. Plonk setzt sich auf ihre Schulter. Die Luft scheint zu vibrieren, und der Raum gerät in Bewegung.

* * *

Margarethe schreckt auf. Vermutlich hat sie laut geschrien, denn um sie herum sind nun auch alle andern wach. «Was hast du, Liebste?», flüstert Leon besorgt und rutscht zu Margarethe, um sie in die Arme zu nehmen. – «…nur ein Alptraum! Pandemios ist … aufgetaucht … und hat uns gefangengenommen … und schlimme Sachen … mit uns angestellt…», röchelt die Angesprochene. – «Was denn?», grunzt Rudy schlaftrunken: «Vierteilen, rädern, auspeitschen…?» – «Seraina wurde fast aufs Rad geflochten…», keucht Margarethe, was ihr einen entsetzten Blick seitens ihrer Freundin und Rudy einbringt. «Und Leon trug einen Schandkragen.» Der Gemeinte erblasst, und Rudy lacht wiehernd: «Geschieht ihm Recht! Und was musstest du Arme erdulden?» – «Einen Virustest mit Stäbchen…», keucht Margarethe, und ihre Freunde prusten wie aus der Pistole geschossen gleichzeitig los. Margarethe grinst verlegen und erwidert: «Hey, das ist im Fall voll unangenehm!» Leon wechselt dezent das Thema: «Ähm, Alptraum, also hast du alles geträumt, wir alle haben geschlafen. Wie lange wohl? Ich fühle mich wie neu geboren.» – Rudy fügt grübelnd hinzu: «Ähm, Frage: Wer hat die Tür hinter uns geschlossen, ich kann mich nicht erinnern. Ich weiss nur, dass wir hier rein sind, dann aber...» – «Stimmt, ich erinnere mich auch nur ans Eintreten, aber wie wir uns hingelegt haben, das ist irgendwie weg», pflichtet ihm Seraina bei. Die vier Teenager rätseln noch ein paar Minuten darüber und versuchen, die Geschehnisse zu rekonstruieren. Doch vergeblich. «Das passiert mir sonst nur...», beginnt Leon, und Rudy beendet den Satz mit: «... im vollbetankten Zustand.» – «Sowas in der Art», meint Leon, legt etwas beschämt seine rechte Hand an den Hinterkopf und grinst verlegen. Was wohl Margarethe jetzt über ihn denken mag – doch diese ist viel zu sehr mit ihrem Alptraum beschäftigt. Plötzlich ruft sie aus: «Hey Leute, ich hab's! Wir könnten Pandemios eine Falle stellen, ihn hierher locken. Das war kein Alptraum, das war eine Vision! Hier und jetzt kann ich es schaffen, ihn zu besiegen! Für immer!» – Leon jauchzt und umarmt Margarethe im Sitzen. – «Au, nicht so feste!», beschwert sie sich, aber schon im nächsten Moment geniesst sie die Umarmung und kuschelt sich an ihn. – «Hey, das ist echt nicht die Zeit, zu knutschen. Sag uns lieber, was dein Plan ist, Mäggy», fordert ein etwas genervter Rudy, der den digitalen Entzug langsam fast schon körperlich spürt und gerne wieder eine Tastatur und einen Bildschirm vor sich hätte, während Serainas Blick die Sehnsucht nach seiner Umarmung anzusehen ist.

Margarethe scheint plötzlich wie entrückt zu wirken, sie faselt etwas von Sumpf und Ratten. Leon will sie wachküssen, doch Seraina hebt warnend die rechte Hand: «Ich kenne das, sie ist in Trance. Frag sie aus! Das ist unsere Chance.» Leon blickt etwas verloren und unschlüssig drein, tut dann aber, was Seraina vorgeschlagen hat. Er fragt sie: «Mäggy, was siehst du?» – Die Angesprochene stöhnt zuerst leise, dann spricht sie mit entrückter Stimme wie in einem Fieberdelirium: «…ein Schiff … zwei Masten … im Sumpf es liegt … bewegungslos … zersetzt es wird … versinken es tut … in Stücken … der Kapitän schreit … der Kapitän flucht … nützen es ihm nicht tut … die grossen Ratten fressen sich durch … die kleinen Ratten verlassen das sinkende Schiff … der Kapitän versinkt auch und flucht nicht mehr … nie mehr …» Und leiser werdend wiederholt sie die letzten Worte noch ein paar Mal: «…nie mehr … nie mehr … nie … mehr…» Da erwacht sie aus ihrer Trance. Verwirrt blickt sie um sich. Leon küsst sie und flüstert: «Margret Ravenheart, you will save us all!»

Während Seraina und Rudy auf Margarethe einreden und wissen wollen, wie sie Pandemios austricksen und ein für alle Mal erledigen will, wendet Leon ein: «Hey Leute, was wir jetzt brauchen, ist etwas zu essen und zu trinken. Nur gestärkt können wir die Welt retten und diesen finsteren Übeltäter dingfest machen. Und überhaupt, für kleine Jungs muss ich auch mal.» Mit diesen Worten steht er auf und schreitet nach draussen. «Gute Idee, hmm, es scheint, dass der Zauber, der uns in die Hütte zwang, nur Teil unserer bleiernen Müdigkeit war», atmet Seraina auf, und Rudy seufzt: «WC-Pause ja, aber wir sollten langsam vorwärts machen und die Zeit nicht mit Gelagen vertrödeln.» Margarethe, die noch etwas benommen von ihrer Trance ist, schlägt mit leiser Stimme vor: «Verbinden wir das Angenehme mit dem Nützlichen: Holen wir uns was zu essen und zu trinken und erzählen allen, denen wir begegnen, wie man das Antibiotikum herstellt. Das wird Pandemios rasend machen. Er wird uns aufsuchen – und weil weit und breit kein See ist hier, wird er in einem Altarm des Rheins vor Anker gehen. Ich habe es deutlich gesehen: Dort wird er von riesigen Ratten überfallen!» – «…riesige Ratten», seufzt Rudy, «du bindest uns einen bäumigen Bären auf! Wo sollen hier riesige Ratten herkommen? Die Gentechnik gibt's erst in rund neunhundert Jahren!» Etwas verzweifelt verdrückt sich Rudy in die Büsche. Auch Seraina verlässt die Hütte, um hinter Hecken zu verschwinden. Margarethe steht nun ihrerseits auf und torkelt noch etwas benommen von Alptraum, Schlaf und Trance hinaus.

Buchstäblich erleichtert findet sie ihre Freunde aufbruchsbereit vor der Hütte. «Plonk, bleib hier und bewache das Schwert!», befiehlt Margarethe. Leon übernimmt die Führung, als wäre es die normalste Sache der Welt. Aber niemand – nicht einmal Rudy – hat etwas dagegen einzuwenden, denn alle wissen: In der freien Natur ist er zuhause, da findet sich niemand anders besser zurecht als Leon. Margarethe selber ist ganz froh, ab und zu die Bürde ihrer Mission abzugeben und sich voll und ganz ihren Gefühlen zu widmen. Denn schon oft haben eine Vorahnung oder eine Vision ihr den richtigen Weg gezeigt – dazu aber braucht sie innere Einkehr.

Nach einer halben Stunde kreuz und quer durch unwegsames Gelände entdecken sie eine kleine Stadt. Margarethe mutmasst, dass es Bingen am Rhein sein müsse: «Da ist glaube ich die Burg Klopp, und das Gebäude mit dem schlanken Türmchen auf dem Dach könnte der Mäuseturm sein. Das müsste also Bingen sein, darum heisst die Äbtissin ja Hildegard von Bingen.» – «Bekloppte Burg und mäuseverpesteter Turm! Aber keine riesigen Ratten!», frotzelt Rudy, und Seraina pufft ihn in die Seite. – «Au!»

Schliesslich erreichen sie die Stadttore und erbeten Einlass – mittlerweile sind sie sich das gewohnt. In Zürich und in anderen mittelalterlichen Städten haben sie bereits mehrmals mit den Torwächtern verhandelt und wissen, dass sie wirtschaftliche Interessen oder wichtige Kunde für die Obrigkeit vorbringen müssen, um eingelassen zu werden. Ein Fläschchen mit der Salbe öffnet diesmal die Stadttore. Seraina behandelt gleich die verletzte Hand des Torwächters und erklärt ihm, dass die Klosterfrauen das Rezept kennen und die Salbe auch herstellen. Der stämmige Torwächter glotzt etwas ungläubig auf seine verarztete Wunde.

Doch als er spürt, wie eine wohltuende Wärme seine Hand erfasst, erhellt sich sein Gesicht. Als die vier Teenager schon Richtung Innenstadt eilen, hören sie noch hinter ihnen, wie der Torwächter seinem Kollegen freudig von der Salbe erzählt. Margarethe und Seraina blicken sich zufrieden an und klatschen ein Gimmefive.

Am Marktplatz angelangt, fragen sie alle, die vorbeigehen, ob sie eine Wunde haben, die sie verarztet haben wollen. Ein paar wenige lassen sich auf das Experiment ein. Alle gehen mit demselben Lächeln von dannen wie der Torwächter. Die Wärme, die sich dank der Salbe ausbreitet, scheint die Leute von der Wirkung zu überzeugen. Dass sie im Kloster diese Salbe erwerben können, geben die vier allen mit auf den Weg.

«Kleines Intermezzo: Mäggy, Raina! Wir sollten langsam Geld verlangen oder uns in Naturalien bezahlen lassen: Esswaren und Wein. Das Wasser vom Brunnen mag ja im Moment erfrischen, aber allzu viel davon möchte ich aus hygienischen Gründen nicht trinken», wendet ein praktisch veranlagter Leon ein, als ein sehr edel gekleideter Herr den vier Freunden entgegenkommt. Der Mann hinkt sichtbar. Da geht Seraina schnurstracks auf ihn zu, macht einen Knicks und fragt: «Euer Bein schmerzt, der Fuss ist geschwollen. Diese Salbe bringt Linderung, edler Herr! Ich habe sie selbst zusammen mit der Äbtissin Hildegard hergestellt.» Der Angesprochene hält inne und mustert Seraina von Kopf bis Fuss, dann schlüpft er mit einem schmerzverzerrten Gesicht aus dem weichen Lederschuh und macht eine Handbewegung, die so viel zu bedeuten scheint wie: Hier, zeig, was du kannst! Seraina geht in die Hocke und behandelt den Fuss des Edelmanns. Der Knöchel ist dick geschwollen und krebsrot. Als sie fertig ist, steht sie auf und zeigt ihm das Fläschchen: «Dem edlen Herrn empfehle ich, dies morgen und übermorgen zu wiederholen. Das Gläschen kostet so viel wie vier Mahlzeiten und vier Krüge Wein.» – Einen Moment lang antwortet der Edelmann nichts. Seine Gesichtszüge wirken erstarrt, doch dann, als die Wärme der Salbe in sein Bein kriecht, greift er nach seinem Säckel und entnimmt ihm zwei Goldstücke. Seraina formt beide Hände zu einem Gefäss, das die Goldstücke aufnimmt, die der Herr aus Schulterhöhe regnen lässt. Dann schlüpft er wieder in seinen Schuh und geht weiter, das Fläschchen in der anderen Hand.

Seraina dreht sich erfreut nach den Freunden um und grinst über beide Ohren. «Gut gemacht!», ruft Rudy, und Leon knufft ihn in die Seite: «Ein Kuss wäre jetzt die richtige Reaktion, du Digital-Chnuschti.» Überrascht blickt Rudy ihn mit einer Mischung aus Ärger und Unverständnis an, doch Seraina kommt ihm zuvor und küsst Rudy mit den Worten: «Das hat der Löwe gut gebrüllt, Rudolfino mio! Sonst küss ich nächstes Mal den Löwen!» – «Wehe dir!», droht Margarethe spielerisch. Und mit knurrendem Magen und grosser Vorfreude auf ein leckeres Mahl schlendern die vier zum nächsten Wirtshaus.

«Gut, haben wir zwei Gläschen mit der Salbe bekommen, eins haben wir noch, das andere hat uns das Geld für diese feine Mahlzeit verschafft», meint Margarethe, während sie halb verhungert einen erstaunlich leckeren Eintopf in sich hinein löffelt. Leon nagt an einem riesigen Steak. Rudy hat für sich und Seraina eine reichhaltige Käseplatte mit Brot bestellt. Die beiden essen gemeinsam davon und freuen sich, so viel Auswahl zu haben. Das Brot ist schnell weg, aber vom Käse bleibt noch etwas übrig. Margarethe kostet von verschiedenen und ist erstaunt, wie gut sie schmecken. «Dieser Weichkäse schmeckt fast wie Camembert, und der Hartkäse da wie Emmentaler», kommentiert sie den Käse, der ihren Magen schliesst und sie satt macht.

* * *

Satt und zufrieden machen sie sich auf den Weg zurück zur Hütte. Margarethe ist erleichtert, Plonk auf dem Dach wiederzufinden. «Und wann kommt der Pandadings endlich! Ich kann es kaum erwarten, ihn zu besiegen!», spricht Leon vorlaut. – «Willkommen in meiner bescheidenen Hütte des Grauens!», begrüsst sie der Erwähnte und tritt aus der Hütte heraus. Margarethe wird beinahe schwarz vor Augen, denn sie sieht gerade, wie sich ihr Alptraum zu bewahrheiten droht. Sie erinnert sich an ihren starken Auftritt, und tapfer reisst sie sich zusammen, richtet sich auf und spricht laut und würdevoll: «Vergiss deine Pandemie! Es ist zu spät! Die Tage des Grauens sind gezählt!» – Pandemios lacht hämisch: «Ich habe mitbekommen, dass ihr das Antidot bekannt gemacht habt. Es soll die Pandemien dieser Welt besiegen und wohl auch mich. Ihr Neunmalklugen! Euch werde ich zeigen…» – «… wo Bartli den Most holt?», beendet Leon Pandemios Satz und fügt mit furchtloser, fast schon drohender Stimme hinzu: «Pass auf dein Schiff auf, es wird gleich versinken!» – «Harharharharhar! Wie denn? Wollt Ihr es kurz und klein hacken, edler Lord Lionheart?» Leon grinst und erblickt hinter den Erlen, die neben der Hütte wurzeln, die zwei Masten von Pandemios Schiff. Dann beginnt der Junge zu gurren und zu fauchen, als hätte er den Verstand verloren. Wie von der Tarantel gestochen, rennt er an Pandemios vorbei in Richtung des Zweimasters. Der Zauberer wird kreidebleich im Gesicht und stolpert ihm hinterher. Die beiden Mädchen und Rudy schauen einander irritiert und ratlos an, folgen den beiden andern aber gleich, denn jetzt nimmt es sie echt Wunder, was nun geschehen wird. Hat Leon Margarethes Vision von Pandemios Untergang etwa verstanden und einen Plan, wie sie Wirklichkeit wird?

Während sich ein fauchender Leon durch den Morast zum Altarm des Rheins durchkämpft, einen fluchenden Zauberer auf seinen Fersen, erscheinen links und recht von Leon staubsaugergrosse, behaarte Wesen. «Die Ratten! Die riesigen Ratten!», entfährt es Seraina, und Rudy, der sich gleich hinter ihr durch den

Dschungel des Auenwaldes kämpft, berichtigt: «Quatsch, das sind Biber. Sieh doch, der flache Schwanz.» – «Was Schwanz… ach so!», ruft Seraina freudig aus und hält inne. Auch Rudy und Margarethe bleiben stehen. Etwa zwanzig Meter weiter vorne springt Leon auf Pandemios Schiff, eine Horde Biber im Schlepptau. Pandemios schreit, flucht und verflucht. Doch seine Flüche können Leon nichts anhaben, denn Plonk hat sich auf Leons Schulter gesetzt und ihm das Schwert überreicht. Margarethe ist einerseits überwältigt vom Anblick, den ihr Löwe da bietet – gleichsam wie ein aus Walhalla zurückgekehrter Wikingerkönig erwartet Leon seinen Widersacher, bewaffnet mit Rabe und Schwert! Andererseits fühlt sie sich, als würde ihr Liebster ihr den Sieg stehlen. Doch weiter kann sie ihre Gedanken nicht spinnen, denn jetzt wird's brenzlig.

Pandemios vollführt einen Sprung, um aufs Schiff zu gelangen. Doch der Sprung misslingt gewaltig. Er verfehlt das Schiff und landet im Morast. Und das ist noch nicht das Schlimmste für ihn: Mit einem Bein bleibt er im Sumpf stecken. Seine Bemühungen, sich zu befreien, bewirken bloss das Gegenteil: Er versinkt immer mehr im Morast. Bald schauen nur noch seine Arme und sein Kopf aus dem Sumpf. Und er muss tatenlos zusehen, wie die Biber sein Schiff auseinandernehmen. Die Tiere freuen sich sichtlich über das Baumaterial, das bald ihre Dämme und Burgen verstärken wird. Während sie arbeiten und mit ihren riesigen Zähnen die Planken zernagen, quietschen sie fidel.

Langsam dringt Wasser in Pandemios Schiff ein, es beginnt zu sinken. Die Ratten, die auf dem Schiff lebten, springen panisch fiepend über Bord. Der Zauberer, der kaum mehr mit den Armen fuchteln kann, weil er so tief im Sumpf steckt, röchelt nur noch jämmerlich. Jetzt erkennt Margarethe, dass nicht ihr Alptraum, sondern ihre Vision Realität geworden ist.

Als Pandemios vollständig im Morast abgetaucht ist, springt Leon im letzten Moment vom versinkenden Schiff. Jetzt fällen die

Biber die beiden Masten des Schiffs, und eine erstickende Stimme ertönt aus dem Inneren. «Der Raum der Zeit! Mist, den hätten wir noch gut gebrauchen können, um heimzukommen! Ich Esel hab nicht daran gedacht, oh Mann!», flucht Rudy und haut sich auf die Stirn. – «Hey, hör auf, du tust dir weh!», interveniert Seraina. – «Lass uns zur Hütte zurückkehren», schlägt Margarethe vor und fügt geheimnisvoll hinzu: «Pandemios war dort. Die Hütte könnte uns nützlich sein.»

Während Leon mit siegreich geschwellter Brust an der Stelle vorüberschreitet, wo Pandemios im Sumpf verschwunden ist, sind die andern drei schon wieder bei der Hütte angelangt. Als Leon sie eingeholt hat, verlangt Plonk, der von dessen Schulter zu Boden gesegelt ist, nach seinem Schwert: «Schwe, Plon!» Leon händigt ihm nur widerwillig die Waffe aus, zu gerne hätte er sie behalten. Doch Margarethes finsterer Blick lässt ihn das Schwert loslassen und leer schlucken; Leon meint: «Hey, haben wir schon den ersten Krach?» – «Ehe…», meint Seraina, «ich meine… ehe wir uns hier streiten, lasst uns lieber mal reingehen und den Zauber nutzen, der noch in der Hütte steckt… Gell, das hast du gemeint vorhin, Mäggy?» Die Angesprochene nickt, doch Rudy warnt: «Pandemios sprach doch von seiner Hütte des Grauens… wollen wir da wirklich rein?» Seraina winkt ab: «Auf Folterkammer hab ich null Bock.» – «Hü! Le, Ru, Ra, Grrrita! Hü», krächzt Plonk und flattert zum Hütteneingang. – «Der Folterknecht ist erledigt. Nicht zu viel denken, wenn der Rabe ruft, dann sollten wir ihm folgen, nicht wahr, Mäggymäuschen?», säuselt Leon und zieht Margarethe an sich. Zuerst sträubt sie sich ein wenig, noch zu frisch ist das Bild eines Leon, der das Schwert behalten will. Doch eigentlich versteht sie ihn ja auch. Sie erinnert sich daran, wie sie das erste Mal ein magisches Schwert aus dem Waldboden gezogen hat. Und dann kam es ins Museum – IHR Schwert! IHR Schatz! Margarethe lächelt Leon zu, der keine Worte braucht, um zu wissen, dass ihm verziehen ist. Arm in Arm schreiten sie über die Schwelle in die Hütte hinein, Rudy und Seraina folgen ihnen, Plonk mit Schwert hopst als Letzter hinein.

Als alle fünf inklusive Schwert in der Hütte stehen, passiert zuerst einmal nichts. Rudy will schon zu motzen beginnen, da hält ihm Margarethe die Hand vor den Mund. Dann setzt sie sich und schliesst die Augen. «Ich fühle etwas. Ich fühle den Geist, der im Raum der Zeit drinnen war!», spricht sie wie in Trance. Leon und Seraina kriegen Gänsehaut, und Rudy frotzelt: «Deine Mäggy wird mir langsam unheimlich!» Unbeirrt fährt Margarethe fort: «Sprich mit uns, Zeitenwandler! Bring uns nach Hause, und dir gehört Pandemios magisches Schwert!» Bei diesem Angebot verzieht Leon das Gesicht. MEIN Schwert, scheint er zu denken. Doch er hat keine Zeit, seinen Gedanken nachzuhängen, denn im schummrigen Raum erscheint ein heller Punkt und schwebt vor Margarethe auf Augenhöhe. Die Stimme des Raum-Zeit-Geistes raunt: «Ein edles Angebot das ist, Lady Ravenheart! Schwert gegen Rückkehr. Mit dem Zauberschwert ich mich befreie und eingehe ins Licht. Endlich Frieden. So soll es sein!» Die Luft scheint zu vibrieren, und der Raum gerät in Bewegung.

Epilog

«Du schwitzt», flüstert Seraina und mustert ihren Rudy, der einen schwarzen Anzug und eine gelbe Krawatte trägt. Sie findet ihn unglaublich anziehend in diesem Outfit. Doch er schwitzt. «Die Krawatte würgt mich, und es ist verflucht heiss hier drin, dabei wäre es draussen im Oktober schön kühl in Stockholm. Und die vielen Leute, die uns anglotzen, das ist soziale Körperverletzung», grummelt Rudy missgelaunt, «hoffentlich ist das bald vorbei. Mein einziger Trost im Moment: Wir sind heil wieder in unserer Zeit angekommen und haben die Pandemie gebodigt.» Seraina selbst trägt, passend zu ihrem Freund, ein enges schwarzes Kleid mit einem hellgelben Seidenschal dazu. Sie sieht einfach umwerfend aus, denkt Margarethe, schielt zu Leon und fragt sich, ob er das auch bemerkt hat. Sie selbst trägt eine dunkelblaue Blazerjacke, die ihre Mutter ihr unbedingt kaufen wollte, weil sie darauf bestand, dass ein junges Mädchen so ein Kleidungsstück brauche! Sie haben lange gestritten, bis die Tochter sich durchsetzen konnte, dazu Bluejeans zu tragen und ein weisses T-Shirt. Mit eleganten Kleidern kann sich die sportliche Naturfreundin einfach nicht anfreunden. Leon dagegen steckt in einer schwarzen Hose mit dunkelgrünem Sakko und gelber Krawatte. Dass Rudy und Leon praktisch die gleiche Krawatte gewählt haben, ist reiner Zufall. Doch während Leon in dem Outfit schon fast ein bisschen deplatziert wirkt, schmeichelt der Anzug Rudy geradezu und lässt den Computer-Nerd richtig attraktiv wirken. Zudem ist Rudy inzwischen ziemlich in die Höhe geschossen, obwohl seit ihren Abenteuern erst wenige Monate vergangen sind. Er hat nun Seraina eingeholt, dennoch ist er immer noch einen Kopf kleiner als Leon.

Plötzlich verstummt das Gemurmel im Saal. Der schwedische König tritt zu den vier Teenagern, die wie Zielscheiben aufgereiht dastehen und sich auch so fühlen. Einzig Seraina ist abgelenkt, denn sie kann ihre Augen kaum von Rudy lassen. In einem falsch betonten, aber grammatikalisch korrekten Englisch dankt der König den vier Freunden dafür, dass sie Rezept und Herstellungsverfahren für das hochwirksame Antibiotikum gefunden und im Internet frei zugänglich gemacht haben. So hätten sie wesentlich dazu beigetragen, die MAE-CD-20-Pandemie zu beenden. Das Mittelalter-Antibiotikum hat, wie Rudy es vorausgesagt hat, die bakterielle Infektion bei allen Patientinnen und Patienten abklingen lassen. Sobald nämlich die Kranken das multiresistente Bakterium losgeworden waren, war das Immunsystem in der Lage, kurzen Prozess mit den Viren zu machen.

Dafür soll den vier Freunden der Nobelpreis für Medizin überreicht werden. Der schwedische König hängt zuerst Margarethe eine Medaille um den Hals. Sie ist völlig überrascht, hat sie doch erwartet, dass Rudy als Computerspezialist als Erster drankommt. Als sie sich ehrfurchtsvoll für den Orden bedankt hat, schielt sie zu ihren Eltern im Publikum. Ihre Mutter scheint vor Stolz fast zu platzen, ihrem Vater kullern Freudentränen die Wangen runter. «We have to thank YOU, Margarete Girigaks!», spricht der König ihren Namen mit schwedischem Akzent aus. Seraina beginnt zu kichern, muss sich aber schwer zusammennehmen, denn jetzt ist sie dran: «Seraina Kapol, thank you too!» – «Al Capone», flüstert Leon in Margarethes Ohr, und beide kichern leise. «Rüdolf von Arr, smart application, thank you!» – «Argh!», flachst Leon. «Leon Inderbit-Zinn, thank you too!» – Und Leon wird ganz rot – einerseits, weil er ein schallendes Gelächter unterdrücken muss, andererseits, weil es ihm letztlich doch etwas peinlich ist, so viel Aufmerksamkeit zu kriegen. Nur Rudy ist noch schlimmer dran, denn die ganze Situation ist eine komplette Überforderung für ihn.

Was sie erreicht haben und wie stolz sie auf ihr Werk und ihre Auszeichnung sein können, werden sie wohl erst in ein paar Wochen oder Monaten begreifen. Ihre Verwandten im Publikum indes sind total ergriffen. Leons hemdsärmelige Eltern, die meist in verdreckten und abgenutzten Kleidern herumlaufen, weil nach ein paar Tagen in der Natur jedes Kleidungsstück gleich aussieht, haben sich ihr elegantes Outfit gemietet. Sie scheinen sich darin – wie Margarethes Vater in seinem uralten Anzug – nicht allzu wohl zu fühlen. Im krassen Gegensatz dazu stehen Rudys Eltern und Margarethes Mutter, die einen stimmigen Anblick bieten in ihren teuren, massgeschneiderten Kleidern. Serainas Tante ist zwar geschmackvoll angezogen, doch würden sie und ihre Lebenspartnerin eher als Journalistinnen denn als Gäste der Nobelpreisverleihung durchgehen. Doch all das stört niemanden, die Schweden sind da ganz locker drauf. Der König selber ist zwar tiptop gekleidet, verhält sich aber wie ein normaler Mensch. Das fällt Margarethe äusserst positiv auf. Gerne hätte sie etwas länger mit ihm gesprochen, doch er ist ein vielbeschäftigter Mann und wird nach der Preisverleihung beim Galadinner im Bankettsaal dauernd von Leuten mit Rang und Namen in Beschlag genommen.

Als die Zeremonie vorbei ist, stehlen sich die vier Teenager aus dem Bankettsaal und lassen ihre Eltern, respektive Serainas Tante und deren Partnerin an den Ehren-Tischen zurück. Sie verstauen die Medaillen in ihren Jackentaschen – wobei Seraina mangels Tasche am Kleid Rudy bittet, ihre Auszeichnung für sie aufzubewahren. «Übrigens, habt ihr bemerkt: Unsere Haare sind wieder so wie vorher!», meint Margarethe beim Hinausgehen erleichtert und verwuschelt Leons wilden Schopf. Er nickt: «Obwohl dein Kurzhaarschnitt auch sexy war!» – «Hey, Leute, jetzt haben wir die Welt gerettet und einen Nobelpreis inklusive schweineviel Preisgeld gewonnen, und ihr denkt nur an eure Haare!», beschwert sich Seraina und verwirft die Hände. Dann packt sie Rudy an seiner Krawatte und meint: «Und sein Meisterstück mit der lizenzfreien Nutzung des Rezepts hat die Sache ja dermassen beschleunigt. Die Pharmafirmen haben ja die Labors, das Knowhow sowie die Zulassungs- und Vertriebskanäle. Und Rudys Idee, das Originalrezept einem Notar anzuvertrauen, bevor wir es online stellten, damit wir beweisen können, dass wir das Rezept gefunden haben, das war doch spitze!» – «Ein Hoch auf den König aller Nerds!», ruft Leon und klopft Rudy neidlos auf die Schulter. Dieser errötet und zeigt mit einer beschwichtigenden Handbewegung, dass es gar nicht so wahnsinnig kompliziert war.

«Lasst uns in diese Pizzeria reingehen. Nicht, dass sich mein durchgeschwitzter Rudy noch erkältet!», lächelt Seraina und küsst ihn leidenschaftlich. «Wenigstens deine Krawatte lockern könntest du!» In der hintersten Ecke des Restaurants verkriechen sie sich um einen runden Tisch und fühlen sich nun schon sehr viel wohler.

Nachdem sie ihre Pizzen und Getränke bestellt haben, platzt Seraina mit einer Neuigkeit heraus: «Und übrigens, habt ihr gemerkt: Stockholm in Schweden – das ist jetzt der Osten, der uns noch gefehlt hat in unserem Abenteuer und von dem Hildegard von Bingen gesprochen hat.» – «Stimmt», erwidert Margarethe, und ihre Gedanken schweifen ab: «Nur schade musste ich Plonk zuhause lassen. Die Flugreise hätte ihn zu sehr gestresst, und für's Selberfliegen ist Schweden dann doch zu weit weg. Aber er ist glücklich mit seiner Corvina wiedervereint. Und ich hab deren Jungraben herumflattern sehen…» Doch weiter kann sie nicht erzählen, denn der Kellner bringt gerade die Getränke, auf die sich die Freunde durstig stürzen.

Während sie auf ihre Pizza wartet, sieht Margarethe, dass sie eine Nachricht auf der Combox ihres Smartiefons hat, und hört sie ab. In einem Deutsch mit italienischem Akzent spricht eine Stimme: «Signora Margarethe Gygax, hier ist Notariat von Dottore Guiseppe Rossi aus Roma. Ich habe Pflicht, Ihnen eine Brief zu überreichen. Über Telefon ich nicht können sagen mehr. Ich bitte um Rückruf. Grazie mille.» Seltsam! Als sie verwirrt aufsieht, blickt auch grad Seraina auf. Sie hat ebenfalls ihren Beantworter abgehört. Margarethe scheint zu ahnen, dass sie eine ähnliche Nachricht bekommen hat – ihr sechster Sinn verrät es ihr. So fragt sie ihre Freundin: «Raina, du auch?» Seraina nickt. Die beiden Jungs scheinen nichts von alldem mitbekommen zu haben; sie unterhalten sich über die unerträgliche Unverdaulichkeit von Fertigpizzen, während die Zeitmaschine im Kopf von Rabenherz bereits wieder in Bewegung gerät.

* * *

Dank

Christine Frank und Lisa Thyssen konnten es kaum erwarten, den vierten Teil von Rabenherz probezulesen. Umso erleichterter waren die Autorinnen, dass die beiden Testleserinnen auch nach der Lektüre total begeistert von der Story waren. Wir danken den beiden für ihre Geduld und die wertvollen Inputs. Möge dieses Lektorat auch mit uns sein beim fünften Teil von Rabenherz.

Literaturnachweis

Nach Titel:

- Antibiotikum aus Knoblauch und Ochsengalle, Deutsche Apotheker Zeitung DAZ, Heft-Nr. 18, Stuttgart 2015, siehe: https://www.deutsche-apotheker-zeitung.de/daz-az/2015/daz-18-2015/antibiotikum-aus-knoblauch-und-ochsengalle

- Bald's Leechbook: Eine mittelalterliche Augensalbe gegen MRSA, Forschergruppe Klostermedizin GmbH, Würzburg 2015, siehe: http://www.klostermedizin.de/index.php/aktuelles-und-termine/meldungen/60-bald-s-leechbook-eine-mittelalterliche-augensalbe-gegen-mrsa

- Ein Heilmittel gegen Superkeime. Die Original-Pressemitteilung der Universität Nottingham 2015, siehe: http://www.nottingham.ac.uk/news/pressreleases/2015/march/ancientbiotics--a-medieval-remedy-for-modern-day-superbugs.aspx

- London, Reihe Faszination Erde, München 2012

- Pest! Eine Spurensuche; Hg LWL Museum für Archäologie, Westfälisches Landesmuseum Herne, Darmstadt 2019

- Patrimonio dell'Umanità, Nord-Centro Italia, Hg. National Geographic, Mailand 2015

- Venedig: Die goldenen Jahrhunderte, Hg. Giandomenico Romanelli, Udine 1997/Berlin 2009

- Venezia e la Peste 1348/1797 (Ausstellungskatalog), HG. Commune di Venezia, Venedig 1979

Nach AutorInnen:

- Baker, Timothy: Medieval London, London 1970
- Von Bingen, Hildegard: Der Mensch in der Verantwortung; das Buch der Lebensverdienste – Liber Vitae Meritorum, Freiburg im Breisgau 1994
- Fangerau, Heiner/Labisch, Alfons: Pest und Corona; Pandemien in Geschichte, Gegenwart und Zukunft, Freiburg im Breisgau 2020
- Slack, Paul: Die Pest, Oxford/New York 2021, Stuttgart 2015
- Schärer, Thomas: Visionen – Leben, Werk und Musik der Hildegard von Bingen, München 1996
- Vasold, Manfred: Grippe, Pest und Cholera, Stuttgart 2008

Über die Autorinnen

Michèle Combaz Thyssen

Die Historikerin wurde am 28. September 1972 in Zürich geboren. Historische Romane sind ihr Steckenpferd – sowohl als Leserin wie auch als Autorin. Im Freifach Russisch am Gymnasium Freudenberg lernte sie Carole Enz kennen, mit der sie «Rabenherz» verfasste: Teil 1 im Jahr 2000, Teil 2 im Jahr 2010 und Teil 3 im Jahr 2020. Michèle Combaz Thyssen verfolgte auch eigene Buch-Projekte wie etwa die Scarabäus-Trilogie. Zudem hat sie mit ihren beiden Töchtern, Lisa und Désirée, Bilderbücher kreiert. Die Autorin arbeitete etliche Jahre als Journalistin und Geschichtslehrerin. Heute ist sie Fachlehrerin für Deutsch und Tanz.

Carole Enz

Die Biologin wurde am 3. August 1972 in Zürich geboren und interessierte sich schon früh für die Natur und fürs Schreiben. Als Vierzehnjährige brachte sie die Abenteuer des Rehbocks «Fao» zu Papier. Dieser Roman erschien allerdings erst 1997 und ist heute bei Sistabooks erhältlich. Mehrere Manuskripte folgten auf den ersten Streich, und meist spielt die Natur eine wichtige Rolle in ihren Büchern. Die Autorin arbeitete etliche Jahre als Biologin und erhielt dafür einen Doktortitel. Dann wechselte sie in den Wissenschaftsjournalismus. Heute ist sie in der Wissenschaftskommunikation tätig.

Weitere Bücher der Rabenherz-Autorinnen

Carole Enz, Michèle Combaz Thyssen
Rabenherz – Teil 1 – ISBN 978-3-907860-00-7
Rabenherz auf Schloss Neu-Bechburg – Teil 2
– ISBN 978-3-907860-14-4
Rabenherz und das Schwert von Glanzenberg – Teil 3
– ISBN 978-3-907860-22-9

Michèle Combaz Thyssen
Der Schlüssel des Scarabäus – Fantasy – ISBN 978-3-907860-01-4
Die Rache des Scarabäus – Fantasy – ISBN 978-3-907860-06-9
Die Tochter des Scarabäus – Fantasy – ISBN 978-3-907860-15-1
Die kleine Schildkröte, die gern fliegen wollte – Bilderbuch
– ISBN 978-3-907860-16-8

Lisa Thyssen, Michèle Combaz Thyssen
Kleiner Specht auf grosser Reise – Bilderbuch
– ISBN 978-3-907860-18-2

Lisa Thyssen, Désirée Thyssen, Michèle Combaz Thyssen
Das Abenteuer der Baum-Seele – Bilderbuch
– ISBN 978-3-907860-20-5

Carole Enz
Fao oder Der Aufschrei der Wildnis – Aus dem Leben eines Rehbocks – ISBN 978-3-907860-07-6
Waldkauz Hannu –
Tier-Fabeln – ISBN 978-3-907860-12-0
Psi oder Die letzte Hoffnung für Jado 2 – Science Fiction –
ISBN 978-3-907860-03-8
Psi und das Geheimnis der Jado-Schattenblattpalme –
Science Fiction – ISBN 978-3-907860-04-5
Psi und die Abgründe des Jenseits – Science Fiction –
ISBN 978-3-907860-05-2

Sieben Leben, sechs Entscheide und ein Piraten-Kapitän
– Fantasy – ISBN 978-3-907860-13-7

Carole Enz, Jeannette Lagler
Rehkitz Rafael hat Angst vor dem Gewitter – Bilderbuch
– ISBN: 978-3-907860-17-5

Ebenfalls bei Sistabooks erschienen

Viktoria Abdai
Alle Wege führen in die Schweiz – Odyssee einer Exil-Ungarin
– ISBN 978-3-907860-02-1

Steffi Gmür
«Ich bin d'Steffi» – «Ich bin krank, und trotzdem ist mein Leben lebenswert!» – ISBN 978-3-907860-11-3

Harry Schneider
Bosco Quarino – Die Walser in Bosco Gurin
– ISBN 978-3-907860-08-3
Picchio Rosso – Schweizer Agententhriller im Zweiten Weltkrieg – Teil 1: ISBN 978-3-907860-09-0 / Teil 2: ISBN 978-3-907860-10-6

Thomi Eichhorn
Fördern – Wie Fördern gelingen kann (Fachbuch für Lehrkräfte)
– ISBN 978-3-907860-21-2

eBooks von Sistabooks

Etliche Sistabooks-Bücher sind auch in digitaler Form erhältlich, allerdings nicht über den Verlag, sondern in diversen Online-Shops.

www.sistabooks.ch